Für Peter

DAS JAHRHUNDERT DER FLÜCHTLINGE

– Ein Schiff für Vietnam
– Ärzte für Kambodscha
– Not-Ärzte für Afghanistan
– Not-Ärzte für Somalia

Text: Rupert Neudeck
Photographie: Gérard Klijn

Herausgegeben:

DEUTSCHES KOMITEE NOT-ÄRZTE e.V.
vormals „Ein Schiff für Vietnam“
Kupferstraße 7, 5210 Troisdorf/Köln

CIP-Kurztitelaufnahme der Deutschen Bibliothek

Neudeck, Rupert:

Das Jahrhundert der Flüchtlinge : e. Schiff für Vietnam ; Ärzte für Kambodscha ; Not-Ärzte für Afghanistan ; Not-Ärzte für Somalia / Text: Rupert Neudeck. Photogr.: Gérard Klijn. Hrsg.: Dt. Komitee Not-Ärzte e. V., vorm. „Ein Schiff für Vietnam". – Troisdorf/Köln : Dt. Komitee Not-Ärzte, 1980.

ISBN 3-9800438-0-0

NE: Klijn, Gérard

Gesamtherstellung:
VTV-Offizin, 8711 Münsterschwarzach Abtei

„Wir sollten zurückgehen auf das Urmotiv der Lebensrettung"

Heinrich Böll

„Ich finde, daß bei all diesen Überlegungen, Auseinandersetzungen, Kontroversen vergessen wird, daß es sich um Ertrinkende handelt, im buchstäblichen Sinne, in den meisten Fällen um Menschen, die vom Ertrinken bedroht sind im physischen Sinne und sich keiner, aber wirklich keiner anmaßen darf zu sagen: der muß ertrinken, der soll ertrinken, der nicht.

Jemand, der am Ertrinken oder vom Ertrinken bedroht ist, den frage ich nicht nach seiner politischen Einstellung, auch nicht nach seiner sozialen Herkunft, auch nicht dann, wenn er gerettet ist.

Ich finde, diese wahrscheinlich gar nicht so selbstverständliche Menschlichkeit, daß man einen Ertrinkenden zu retten versucht, geht bei all diesen abstrakt ideologischen Repliken verloren.

Mich hat die wahrscheinlich aus uralter Menschlichkeit entstandene französische Initiative überzeugt, die alle möglichen Leute ohne jede abstrakte Auseinandersetzung vereint und veranlaßt hat, einfach etwas zu tun und sie haben dieses Schiff „Ile-de-Lumière" finanziert und eine Aktion zustande gebracht, die alle vereint hat, sogar alte politische Gegner wieder vereint hat.

Ich entdecke darin etwas, das ich, ich will nicht sagen: in mir habe, das klänge wie ein Verdienst – etwas selbstverständlich Menschliches, ich will gar nicht sagen Humanes oder Humanistisches, weil dieses Wort verschlissen ist. Im 19. Jahrhundert sind sehr viele Menschen aus Deutschland ausgewandert, weil sie hier ihre Familie und sich selber nicht ernähren konnten oder weil sie vor dem preußischen Militarismus geflohen sind. Ich vergleiche die Situation der Menschen, die da im Chinesischen Meer um ihr Leben kämpfen, eher mit denen, die von der Mauer oder durch die wirklich nur unter Lebensgefahr zu überquerenden Sperrzonen zwischen der DDR und der Bundesrepublik an der Auswanderung behindert werden. Ich denke, wir sollten wirklich zurückgehen auf das Urmotiv der Lebensrettung."

(Aus einem Interview im WDR III, am 7. September 1979)

Bundeskanzler Helmut Schmidt:

„Das sind Menschen, die Asyl brauchen"

„Wir haben vier Millionen Ausländer, und wir wollen nicht sechs haben, wir wollen die Zahl begrenzt halten. Und wir müssen noch einige auf jeden Fall aufnehmen. Das sind die, die in ihrem eigenen Land auf Leib und Leben verfolgt werden. Im Augenblick kommen zum Beispiel viele Menschen aus Afghanistan. Viele Menschen kommen aus Vietnam, die auf dem Meer aufgefischt werden in irgendwelchen kleinen lächerlichen Booten, in denen sie zu ertrinken drohen. Das sind Menschen, die Asyl brauchen."

(Bundeskanzler H. Schmidt in der ZDF-Sendung „Bürger fragen – Politiker antworten" am 11. 9. 1980)

Susanna Agnelli:

„Damit die Hoffnungen der Bootsflüchtlinge nicht enttäuscht werden"

„Da ist eine weitere Frage, die die Aufgaben der CAP ANAMUR betrifft, die Frage der Aufnahmequoten. Manche Mitgliedsstaaten der Europäischen Gemeinschaft haben schrittweise ihre Quoten erhöht. So hat die Bundesrepublik ihre Quoten von zunächst 2.500 auf nunmehr 26.000 erhöht. Obwohl ich die Bemühungen und Schwierigkeiten anerkenne, die dieser neue Strom von Flüchtlingen den Mitgliedstaaten bereitet, zumal was die Probleme der Beschäftigung, der Wohnung und der Erziehung angeht, so möchte ich doch die Regierungen der neun Staaten auffordern, ihre Quoten zu erhöhen, damit das anerkennenswerte Unternehmen der „Cap Anamur" nicht folgenlos bleibt und die Hoffnungen der Flüchtlinge nicht bitter enttäuscht werden."

(Die Abgeordnete des Europäischen Parlaments, Susanna Agnelli, am 11. Juli 1980 bei der Behandlung einer Resolution zugunsten der Cap Anamur)

Herbert Wehner:

„Die letzte Rettung vor dem sicheren Tod"

„Die Arbeit des Deutschen Komitees ‚Ein Schiff für Vietnam' kann nicht hoch genug eingeschätzt werden. Für viele Betroffene ist sie die letzte Rettung vor dem sicheren Tod, für viele andere ein Anlaß, angesichts des Leids, das sich Menschen gegenseitig zufügen, trotzdem nicht an unserer Welt zu verzweifeln."

(Brief von Herbert Wehner an das Komitee vom 21. April 1980)

Rettung vor dem sicheren Tod

Ein Schiff für Vietnam: Cap Anamur

Die Geschichte des Komitees und des Schiffes beginnt in Frankreich. „Le Comité Un bateau pour le Vietnam" hieß der Aktionskreis, der sich in Paris, dann in anderen Städten und Regionen Frankreichs bildete und der im Dezember 1978 den Plan faßte, ein eigenes Schiff zu chartern, um dem Sterben und Ertrinken im chinesischen Meer ein Ende zu bereiten. Bürger aus allen Schichten, Politiker aller Parteien (nur die Parteikommunisten machten nicht mit), Vertreter aller Religionen und Meinungen kamen zusammen, weil sie mit den Gründern des Komitees der unbedingten Überzeugung waren, daß man Menschen nicht einfach ersaufen lassen dürfe. Diese Idee sprang im Februar nach Deutschland über. Der Autor dieser Zeilen sammelte mit einem Radio-Kollegen vom WDR, Curt Hondrich, Menschen, die sich durch ihre Unterschrift und durch einen Spendenbeitrag bereit erklärten, die Aktion „Ein Schiff für Vietnam" zu unterstützen. Um die Mauern der Öffentlichkeit zu überspringen, bedurfte es einiger besonders bekannter Mitarbeiter und Freunde. Heinrich Böll war damals spontan der erste, der dieses Komitee unterstützen wollte: Er ermunterte uns dazu und war auch bereit, zur ersten Pressekonferenz nach Bonn zu kommen.

Zuvor aber mußten wir die üblichen vereinsrechtlichen Formalitäten ableisten, mußten ein „e.V." werden und die Gemeinnützigkeit beim Finanzamt erwerben – die allein die Voraussetzung dafür gibt, für die eingegangenen Spenden Spendenquittungen zu erteilen.

Die erste Pressekonferenz fand am 18. April im Bonner Hotel Tulpenfeld statt. Heinrich Böll war dabei, aber auch der Mitbegründer des französischen Komitees, der „neue Philosoph" André Glucksmann, die Hochkomissarin der UN (UNHCR) für Flüchtlingsfragen in Singapur, Luise Drüke.

Heinrich Böll sagte damals: „Die praktische Intelligenz, die sich in dieser Aktion ausdrückt, hat mich überzeugt, und ich habe mich sofort dieser Initiative angeschlossen. Es sind auch in der Bundesrepublik Leute verschiedenster politischer Überzeugung dabei. Ich denke, daß unsere Motive zwar interessant sind, aber nicht wichtig. Wichtig ist, daß diesen Menschen geholfen wird, wichtig ist, darauf hinzuweisen, daß das Komitee Geld braucht, sehr grob, sehr brutal ausgedrückt, um diese Aktion weiter zu finanzieren. Darin sehe ich den wichtigsten Sinn dieser Aktion: daß sie ein Anstoß sein kann für die Regierungen, die durch ihre Administration und Bürokratie oft einfach gehindert werden zu helfen. Das war für mich der Grund, mich ohne Einschränkung bei dieser Initiative anzuschließen."

Dies brachte dem Komitee einigen Bekanntheitsgrad, wenngleich die deutsche Öffentlichkeit kaum über die Flüchtlingstragödie im chinesischen Meer informiert war. Man glaubte, seit den Nachrichten, die man von dem Transportschiff „Hai-Hong" hatte, sei gar nichts weiter geschehen. In Wirklichkeit ereignete sich in diesen Monaten vom Januar bis zum Juli eine Tragödie des Ertrinkens im chinesischen Meer. Hunderttausende sind wahrscheinlich ertrunken, Hunderttausende waren auf seeuntüchtigen winzigen Booten unterwegs, setzten sich der rauhen chinesischen See aus und wußten, daß ihre Chancen immer nur 50 zu 50 waren. Nur wenige Nachrichten sickerten durch, die aber auch nur die Ahnung gaben von dem Ausmaß des Schreckens und Grauens. Die Franzosen hatten in diesen Monaten bereits ein Schiff gechartert, das sie in Nouméa auf Neukaledonien zu einem regelrechten Hospitalschiff ausstatteten. Bernard Kouchner war der Inspirator und Leiter der medizinischen und der organisatorischen Equipe, die das Schiff leitete, das dann Anfang April vor der Flüchtlingsinsel Pulau Bidong, 26 Meilen von der malaysischen Küste, Anker waf.

Das deutsche Komitee Ein Schiff für Vietnam – oder, wie wir uns eher sahen: die deutsche Sektion des europäischen Komitees Ein Schiff für Vietnam – verstand sich damals als Zubringer, als Partner des französischen Komitees und Schiffes. Wir konnten schon kurz nach unserer Pressekonferenz am 18. April durch die Überweisung des bis dahin gesammelten Geldes (72.000 DM) auf das Konto des französischen Schwesternkomitees dafür garantieren, daß die nächste Schiffs-Charter für den Juni bezahlt wurde.

Es war bei dem mangelnden Interesse der deutschen Medien und Journalisten in diesen Monaten kein Gedanke daran, daß dieser kleine drahtige, aber eben doch winzige Verein an so etwas Riesiges wie die Charter und Organisation eines Schiffes und eines eigenen Hilfsprojektes herangehen könne. Doch entwickelte sich – wie in der ganzen bisherigen Komitee-Geschichte – fast über Nacht alles ganz anders; Das ‚umwälzende' Ereignis für die deutschen Medien war die Erklärung des malaysischen Ministers Sri Ghazali am 12. Juni, daß Malaysia von Stund an nicht mehr bereit sei, die Boote mit den Vietnamflüchtlingen an seiner Küste landen zu lassen. Sie würden von Malaysias Küste von einer eigens für diesen Zweck gebildeten schlagkräftigen „Task-Force" VII zurückgeworfen in die hohe See, und: Es würde dabei auch geschossen werden. Diese Ankündigung schreckte die Weltöffentlichkeit auf. In der Bundesrepublik kamen die boat-people plötzlich in die Schlagzeilen, Fernseh- und Radio-Berichte, Originalreportagen in den Zeitungen berichteten ununterbrochen von der Tragödie dieser „Verdammten der Meere" (Freimut Duve), die niemanden hatten, der ihnen zu Hilfe kam.

Plötzlich war auch das Komitee gebeten, sich zu äußern, mit der Bekanntheit über die Medien meldeten sich viele Bürger, auch Ärzte, Schwestern und Pfleger, die freiwillig ihre Arbeitskraft für diese Flüchtlinge hergeben wollten. Am 17. Juli machte ein Hörfunk-Magazinbericht im NDR-Morgenmagazin, am 24. Juli ein Bericht in dem TV-Magazin „Report" aus Baden-Baden mit dem Komitee bekannt, das zugleich erklärte, es würde auch ein Schiff chartern und mit ihm ins chinesische Meer gehen, um dort Flüchtlinge aus dem Wasser zu retten und Flüchtlinge in den Lagern zu versorgen. Drei Tage später schon stapelten sich die Spendenbelege bei der Stadtsparkasse Köln, wir mußten sie in Säcken wegtransportieren, die Zuschauer hatten über eine Million gespendet, wir konnten daran gehen, ein Schiff zu besorgen. Die erste Voraussetzung für uns bestand darin, daß dieses Schiff wenn irgend möglich schon im chinesischen Meer operieren sollte – wir wollten die Verzögerung von etwa vier Wochen vermeiden, die eine Fahrt von Hamburg nach Singapur bedeutet. Der Hamburger Reeder Hans Voß hatte sich schon bald nach der „Report"-Sendung bei uns gemeldet und uns sein Schiff „Cap Anamur" angeboten, das neu im Hafen von Kobe/Japan lag. Voß hatte sich schon vorher an einige Bundes- und Landesbehörden gewandt und das Schiff für den Zweck der Rettung von Flüchtlingen angeboten. Wenn überhaupt, bedankten sich die staatlichen Stellen nur für den interessanten Brief und wünschten weiter gute Gesundheit. Mit dem Reeder Voß führten wir am 30. Juli die erste Verhandlung, am 31. Juli kamen wir in Hamburg zusammen und schlossen den Chartervertrag ab. Wir mußten eine monatliche Charter von 210.000 DM zahlen sowie für die Verpflegung der Ärzte-Equipe und den Brennstoff an Bord aufkommen. Als Ziel hatten wir uns die Ausfahrt für den 9. August vorgenommen. Am 4. August startete das erste Ärzte-Schwestern-Team von Hamburg, um die Arbeit auf dem Schiff zu beginnen. Vom 5. bis 9. August wurde Tag und Nacht auf dem Schiff gearbeitet, ein Hospital installiert, die Materialien und Liegeplätze und sonstiges Equipment an Bord ‚geworfen'. Am 9. August um 15.04 Uhr lichtete die Cap Anamur im Hafen von Kobe die Anker, es gab einen großen Abschied, die gesamte japanische Presse war dabei anwesend, auch einige Fernsehsysteme filmten die Ausfahrt des Schiffes.

Was wir zu diesem Zeitpunkt noch nicht wissen konnten, was sich dann aber von Tag zu Tag als Nachricht verdichtete, war die Tatsache, daß der Flüchtlingsstrom in seiner Stärke abnahm. Hanoi, die Regierung der Republik Vietnams, hatte offenbar doch ihr Versprechen auf der Genfer Konferenz am 22. Juli wahrgemacht und zeitweilig den Strom der Flüchtlinge an seinen Küsten gestoppt. Wir fuhren jedenfalls mit großen Erwartungen los, aber schon das Passieren der Hongkong-Straße brachte uns in keinen Kontakt mit Flüchtlingen. Dieser Eindruck verstärkte sich in den nächsten Tagen. Wir fuhren die Küste Vietnams entlang – in dem vom internationalen Seerecht gebotenen Abstand –, aber nicht ein Flüchtlingsboot zeigte sich. Auch in der Region vor dem Mekong-Delta zeigte sich trotz Kreuzens in diesen Gewässern kein einziges Boot. Also änderten wir das Projekt: Von vornherein hatten wir über die Bundesregierung um eine Arbeitserlaubnis auf den indonesischen Anambas-Inseln gebeten – und die Nachrichten, die wir über Seefunk und Funk-Telegramm erhielten, ließen uns annehmen, daß die Bundesregierung diese Erlaubnis erhalten habe. Wir gingen also vor dem Flüchtlingscamp Air Raya auf der Anambas-Insel Letong vor Anker. Doch einen Tag später verwies uns ein Boot der indonesischen Marine nach Singapur: Wir hatten zwar die Erlaubnis der Regierung in Djakarta, aber es fehlte uns die „Clearance", die Erlaubnis der indonesischen Navy. In Singapur dauerte es dann noch eine Woche, bis wir diese Clearance der Navy hatten – und das Schiff nahm, mit einer neuen Crew von vier Ärzten und drei Schwestern, Kurs auf die Insel Anambas. Dort begann ein Versorgungsprojekt für die etwa 35.000 Flüchtlinge, wobei das Schiff im Verbund mit den beiden anderen Schiffen des Europäischen Komitees operierte, der „Ile-de-Lumière" und der „Lysekil". Die Flüchtlinge wurden stationär in dem Schiffshospital betreut, die Ärzte und Schwestern gingen in die Lager, das Schiff selbst machte Reis- und Milchpulver-Transporte von Tanjung-Pinang nach Anambas, die Zeit war ausgefüllt mit Arbeit.

Die Nachrichten nahmen zu, daß wieder Flüchtlinge unterwegs seien, in geringer Stärke, aber doch permanent. Als das Schiff sich wieder einmal von Singapur aus zu den Anambas-Inseln auf den Weg machte, nahm es 215 Flüchtlinge an Bord und brachte sie nach Singapur zurück. Es waren die ersten Bootsflüchtlinge, die das Schiff gerettet hatte. Die Bundesregierung organisierte direkte Flüge für diese 215, die fast alle (etwa 35 gingen in die USA) in die Bundesrepublik kamen. Die Versorgungsoperation führten wir bis in den Januar hinein fort; es war damals schon schwierig, eine Entscheidung zu treffen: Sollten wir das Schiff in den indonesischen Gewässern belassen oder sollten wir mit ihm in das chinesische Meer gehen, um Flüchtlinge vor dem Ertrinken zu bewahren?

Anfang Februar war es dann so weit. Die Nachrichten von einem neuen Flüchtlingsstrom verdichteten sich: Am 7. Februar entschied das Komitee, das Schiff wieder zu Rettungsaktionen in das chinesische Meer auslaufen zu lassen. Schon am Abend des nächsten Tages wurden 39 Flüchtlinge aus hoher See geborgen. Vier Tage später waren es noch einmal 26, die das Schiff vor dem Tod rettete. Die Rettungsaktion war ‚erfolgreich' gewesen – wir standen auch bei dieser humanitären Rettungsaktion unter einem Erfolg- und Leistungsdruck –, wir entschieden gleich danach, die Rettungs- und Suchoperationen durch die Charter eines Hubschraubers noch sinnvoller zu machen. In Singapur vermietete die auf solche Schiff/See-Landflüge spezialisierte Firma „Heliservices" Helikopter mitsamt erfahrenen Piloten, der Kostenpunkt konnte uns – bei der erhöhten monatlichen Schiffscharter von 235.000 DM – auch nicht mehr erschrecken. Der Hubschrauber kostete mitsamt dem Piloten 40.000 DM pro Rettungsfahrt. Es zeigte sich schon bei der nächsten Operation (bei den deutschen Behörden wurden die einzelnen Rettungsaktionen nach römischen Ziffern gebucht, also bei „Cap Anamur II"), wie sinnvoll die Charter dieses Hubschraubers war: Das Schiff hatte kurz hintereinander insgesamt sechs Rettungsaktionen zu bestehen. Bis heute (2. September 1980) sind von unserem Schiff 3329 Menschen aus Seenot und vor dem sicheren Tod gerettet worden. Eindrucksvoller, als hier alle Rettungsoperationen aufzuzählen, ist es, die Geschichte eines einzelnen Fluchtbootes vorzustellen. Der Lehrer Pham Anh Tuan, schon drei Monate in der Bundesrepublik, hat die Geschichte seiner Flucht mit einem winzigen Boot am 2. Februar 1980 aufgeschrieben: 39 Menschen, meist junge Leute hatten sich in Saigon in aller Heimlichkeit zusammengefunden und die Flucht mit einem Boot vorbereitet. Sie trafen sich in dem Vorort von Rach Gia, „wo viele kleine Flußarme ins Meer münden. Wir folgten den Einheimischen (die auch mit uns fliehen wollten) in ihre Häuser, verteilten uns in verschiedenen Häusern und versteckten uns dort. Zwei Tage nur in diesen Häusern waren für uns wie zwei Jahrhunderte! Wir mußten warten, bis endgültig alles vorbereitet war, bis Nahrungsmittel, Wasser und Benzin zum Boot transportiert worden waren. Unser Boot war 12 Meter lang und 2 Meter breit, hatte einen 20 PS-Motor und 39 Menschen an Bord – und unsere ‚perfekte Vorbereitung' – wir segelten über das Meer mit 200 Litern Benzin, 30 Litern Trinkwasser, 50 kg Reis, ohne Seekarte, der Kapitän sagte, er kann nachts nach den Sternen und tagsüber nach der Sonne den Weg finden." Nach drei Tagen hat diese winzige Nußschale die vietnamesischen territorialen Gewässer verlassen, „die Wellen wurden höher und größer und alle im Boot mußten sich übergeben, denn keiner war es gewohnt, auf dem Meer zu fahren. Und alle waren so müde, besonders die Frauen und Kinder. Das Trinkwasser war nicht ausreichend, ein schrecklicher Durst. Verglichen mit dem riesigen Meer war unser Boot wie ein Blatt, klein und schwach, und je mehr die Wellen zunahmen, desto mehr begann unser Boot zu schaukeln. Essen war für uns kein Problem, das größte Problem war Trinkwasser, der Container war schon leer und die Frauen und Kinder wurden immer schwächer, einige waren bewußtlos".

Das war nur der Anfang dieser entsetzlich anstrengenden Flucht. Das kleine Boot wurde insgesamt viermal von Piratenbooten der Thais durchsucht und ausgeraubt. „Am vierten Tag der Reise waren wir so müde vor Hunger und Durst, wir waren enttäuscht nach diesem Erlebnis und dazu kamen noch die gefährlich hohen Wellen und durchdringende Kälte in der Nacht, der durchdringende Geruch von Erbrochenem und Exkrementen von Kindern und Kranken. Es war schrecklich, aber wir hatten alle den Mut, unseren Plan weiter zu verfolgen, obwohl wir nur noch 20 Liter Benzin für die Reise hatten." Am fünften Tag, auf dem Höhepunkt der Verzweiflung und dem Tiefpunkt der Kraft und des Mutes bei den Flüchtlingen begegnet das Boot zum 3. Mal Piraten.

„Das Schiff kam näher, ich weckte meine Freunde und wieder trafen wir auf Piraten. Wir waren in großer Gefahr, denn sie kamen mit großer Geschwindigkeit auf uns zu, direkt auf unser Boot gerichtet und sicherlich würden sie in uns hineinfahren. So schrien wir laut auf und winkten ab – aber alles Rufen half nichts. Es passierte tatsächlich – das thailändische Piratenboot fuhr absichtlich in unser Heck hinein, das Boot wurde stark geschüttelt, es klang, als ob es versinken wollte. Wir hatten den Tod vor Augen und stießen mit ihnen zusammen." Die Piraten kamen auf das leckgeschlagene Boot und wollten die Flüchtlinge noch einmal durchsuchen. „Sie trieben uns in einer Ecke zusammen, um uns zu durchsuchen, besonders die Frauen und Kinder, sie rissen ihnen die Kleider herunter und durchsuchten sie mit höhnischem Gelächter. Sie versuchten, sich an den Frauen zu vergehen." Am achten Tag sind die Flüchtlinge dem Wahnsinn nahe, sie sind vom Hunger, von Durst und Verzweiflung gemartert. „Aber plötzlich, ganz am Horizont in weiter Ferne, kam ein großes Schiff, grau, ja, groß und grau, näher und näher. Wir hielten Ausschau und berieten uns und letztlich merkten wir, daß dies kein Piratenschiff sein konnte. Das große Schiff kam näher, dann sahen wir die Aufschrift auf der linken Seite: CAP ANAMUR, PORT DE LUMIERE. Wir riefen vor Freude laut: Cap Anamur, Port de Lumiere. Wir waren gerettet auf der Cap Anamur."

Wer wird nach diesem (verkürzten) Bericht eines der 3329 geretteten Flüchtlinge bezweifeln, daß Herbert Wehner Recht hatte, als er in einem Brief an das Komitee am 21. April schrieb: „Die Arbeit des Deutschen Komitees ‚Ein Schiff für Vietnam' kann nicht hoch genug eingeschätzt werden. Für viele Betroffene ist sie die letzte Rettung vor dem sicheren Tod, für viele andere ein Anlaß, angesichts des Leids, das sich Menschen gegenseitig zufügen, trotzdem nicht an unserer Welt zu verzweifeln."

Die Verdammten der Meere

South China Sea, das Südchinesische Meer, das in seinen Ausmaßen eher einem Ozean als einem Regional-Meer gleicht, ist zum grausamsten Seegebiet der Welt geworden. Mit seinen Strömungen, plötzlich aufziehenden Monsumstürmen und Gewittern hat es nach vorsichtigen Schätzungen des Flüchtlingskommissariats der Vereinten Nationen 200.000 bis 250.000 vietnamesische „boat-people" geschluckt.

Nachdem die Flüchtlinge mit ihren notdürftigen Booten und laienhaften Navigationsmitteln die im Mekong Delta stationierte vietnamesische Küstenwache überlistet haben und in Richtung Süd-Westen fahren, um so schnell wie möglich den territorialen Gewässern Vietnams zu entfliehen, wird dieses Meer zu ihrem gefährlichsten Gegner. Oft navigierend nach den Sternen, mit Wasser, Treibstoff und Nahrung für nur wenige Tage an Bord, versuchen die Fluchtboote die Hauptschiffahrtslinie Honkong-Singapur zu erreichen, in der Hoffnung, von einem ausländischen Frachter aufgenommen zu werden.

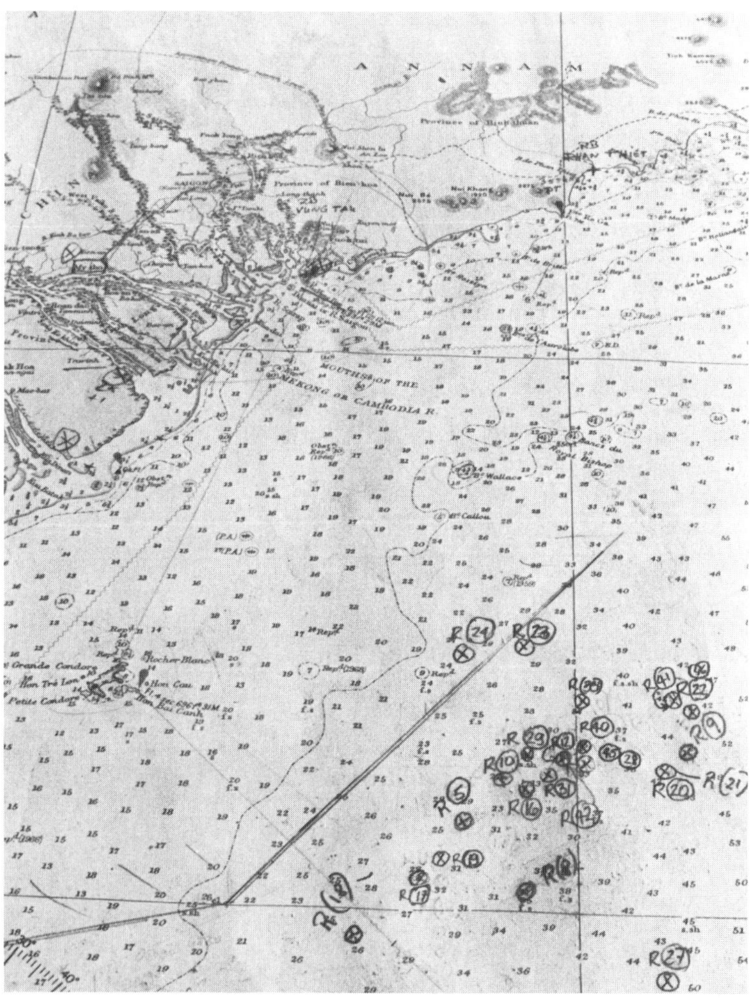

Gegenüber dem Mekong Delta liegt das Haupteinsatzgebiet der „Cap Anamur". Hier kreuzt das Schiff mit Hubschrauberunterstützung tagsüber und treibt hellerleuchtet in der Nacht, gerade außerhalb der terri-

torialen Gewässer. Die umrandeten R's auf der abgebildeten Bordseekarte stellen die „Rescues", die Rettungen dar, die die „Cap Anamur" seit Februar 1980 in diesem Gebiet ausführte.

Ein Flüchtling, der von vornherein die 50:50 Chance durchzukommen einkalkuliert hatte berichtet: „Der Küstenwache unterliefen manchmal Verwechslungen mit Fischerbooten; doch unser Boot war leicht zu erkennen, und sie würden uns fangen, sowie sie uns sahen, aber sie haben uns nicht gesehen. Nach vier Tagen Fahrt zerschlug die See das Ruder. Wir mußten es ersetzen und mit einem Notruder weiterfahren. Glücklicherweise trafen wir auf ein Schiff mit Deutschen, die uns herauszogen und nach Singapur brachten".

Piraten im 20. Jahrhundert

Es scheint heute kaum einem Flüchtlingsboot zu gelingen, die Küste Vietnams zu verlassen und ein rettendes anderes Ufer zu erreichen, ohne von einem Piratenboot entdeckt, ausgeraubt und terrorisiert zu werden. Vor der Südwestküste Vietnams liegt ein Sperrgürtel von thailändischen, harmlos fischenden Booten. Sie sind gut ausgerüstet mit Radar und starken Motoren und führen Waffen mit sich. Der Bug ist für Rammzwecke oft verstärkt.

Auf einer der Suchflüge über den Golf von Thailand entdeckte Mike Croft, der Pilot des Hubschraubers der „Cap Anamur", drei kleine fast gesunkene Fischerboote. Das Meer um die Wracks herum war übersät mit Plastik-Kanistern, Fetzen Segeltuch und Holzbrettern. Die Boote waren leer, der Pilot konnte keine Überlebenden zwischen den Wrackstücken entdekken. Keiner wird je erfahren, welche Tragödie sich hier abgespielt hat, aber aus Erzählungen von Flüchtlingen, die mit Piraten zu tun hatten, ließe sich wohl folgendes vorstellen: Die drei Boote waren thailändischen „Fischer"-Booten begegnet, deren Besatzung die Flüchtlinge ausgeraubt, die Frauen vergewaltigt, die Motoren zerstört und alle Insassen über Bord geworfen hatte. Anschließend wurden die Fluchtboote gerammt und die Thais machten sich auf die Suche nach neuer Beute.

„Als wir die reichen Fischgewässer im Golf erreichten, begann der Terror. Wir wurden eingeschlossen von einer ganzen Flotte Fischerboote, die 7 Tage mit uns machten, was sie wollten. Die mit Messer und Hammer bewaffneten Männer raubten uns, was wir hatten, schlugen die Männer und vergewaltigten die Frauen. Dann übergaben sie uns dem nächsten Boot und das Leiden fing von vorne an. Am Ende gaben sie uns ein paar leere Kanister und warfen uns ein paar hundert Meter von der Küste entfernt über Bord".

Am 26. März entdeckt der Hubschrauber der „Cap Anamur" drei Piratenboote, die ein kleines und ein größeres Flüchtlingsboot eingekreist hatten. Beim Erscheinen des Helikopters verhängten die Thais hastig die Bootsnummern mit Decken, warfen die schon an Bord geschleppten Flüchtlinge ins Wasser, rammten noch ein Fluchtboot und verließen dann eilig die Szene. Die Flüchtlinge konnten unversehrt an Bord der „Cap Anamur" genommen werden.

In den Lagern erzählen die Flüchtlinge fast ungerührt die Schrecklichkeiten, die die „Fischer" ihnen angetan haben; aber die Erlebnisse auf der Pirateninsel Koh Kra sind für ewig in ihrem Gedächtnis gemeißelt. Auf diesem steil aus dem Meer aufsteigenden Fels, mit seinem dichbewaldeten Gipfel, gut sechs Kilometer von der thailändischen Küste, begingen die Thai-Piraten ihre schlimmsten Grausamkeiten bis eine Polizeimacht der Vereinten Nationen und der Thais ihren Aktivitäten ein Ende setzte.

Koh Kra liegt jetzt verlassen im Meer, aber es gibt genug Spuren, die von den Greueln zeugen, die auf dieser Insel begangen wurden. Auf dem Strand liegen die ausgebrannten Reste von Fluchtbooten, Büschel Frauenhaar, Kinderschuhe, mit Blut verschmierte Kleidung, zerrissene BH's. Auf die Wände einer Hütte, das einzige Gebäude der Schreckensinsel, sind mit Holzkohle kurze Mitteilungen gekritzelt: „Zum Gedächtnis an Vater und Mutter", auf der selben Wand: „Zur Erinnerung an das Elend, das meine drei Schwestern einundzwanzig Tage lang haben erleiden müssen".

Auf den Felsen stehen Warnungen geschrieben: „Sorge dafür, daß die Thais die Frauen und Mädchen nicht finden, verstecke sie in den Höhlen und Büschen" oder „Zuerst bekommt ihr was zu essen, dann wird euch alles abgenommen, sogar die Kleidung; sie werden euch vergewaltigen, Boot nach Boot, sie kommen zu Hunderten und vergewaltigen euch reihum. Dann werden sie euch töten".

Was kann man gegen diese menschenmörderische Seeräuberei tun? Das Hohe Flüchtlingskommissariat der Vereinten Nationen hat ein Patrouillenboot angeschafft. Neuerdings kreisen amerikanische Aufklärungsflugzeuge über dem Seegebiet. Das Komitee hat mehrmals die Nummern von Piratenbooten den thailändischen Behörden mitgeteilt. Aber die Thai-Polizei gibt zu, daß es fast nicht möglich sei, die 15.000 Boote der Thai-Fischerflotte wirksam zu kontrollieren.

Das Schiff – die letzte Rettung vieler Bootsflüchtlinge

Am 7. Mai 1980, einem Mittwoch, war das Schiff kurz hintereinander in insgesamt fünf Rettungsoperationen verwickelt. Kapitän Urban telegraphierte nach diesem Tag dem Komitee in der Bundesrepublik: „new exodus definitely has begun, der neue Flüchtlingsstrom hat jetzt wirklich begonnen".

Um 1.45 Uhr nachts wurden 26 Flüchtlinge eines winzigen Bootes, schon zwei Stunden später 29 Flüchtlinge eines weiteren Bootes gerettet. Um 6.40 Uhr wird das Refugee-Boot „Ngoc High" entdeckt, deren 27 Insassen um 7.35 aus dem sinkenden Boot gerettet werden. Um 10.02 Uhr sichtet der Hubschrauber ein winziges Boot, erst um 12 Uhr ist dieses Boot längsseits der Cap Anamur, 8 Flüchtlinge werden geborgen. Eine halbe Stunde später wird vom Schiff aus das nächste Flüchtlingsboot gefunden, 12.49 Uhr werden die Maschinen gestoppt, um 13.12 Uhr kommen 78 Flüchtlinge des Bootes „An Giang 0047" die Enternetze hoch.

Das Schiff wurde 1977/78 auf der „Watanebe"-Werft in Hakata, Japan, gebaut, dann versteigert und von dem Hamburger Reeder Hans Voß zu dem ungewöhnlich günstigen Preis von 4,15 Mio DM erstanden. Die Cap Anamur hat eine Tragfähigkeit von 6350 Frachttonnen,

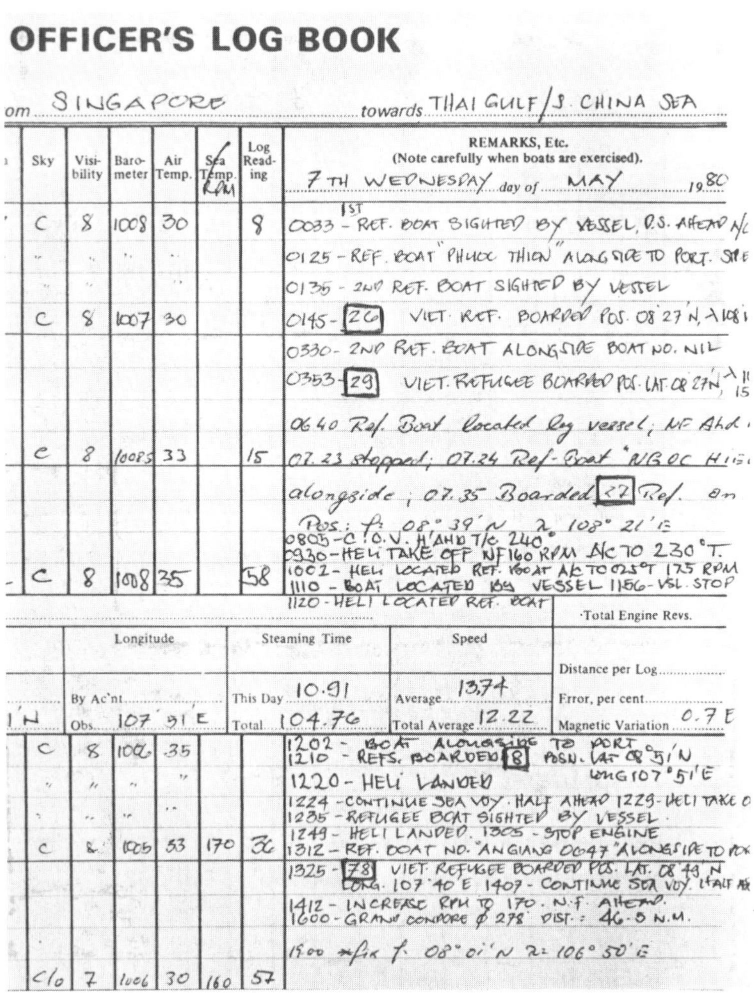

OFFICER'S LOG BOOK

from SINGAPORE towards THAI GULF/S. CHINA SEA

Sky	Visibility	Barometer	Air Temp.	Sea Temp. RPM	Log Reading	REMARKS, Etc. (Note carefully when boats are exercised). 7TH WEDNESDAY day of MAY 1980
C	8	1008	30		8	0033 – 1ST REF. BOAT SIGHTED BY VESSEL, D.S. AHEAD N/C
"	"	"				0125 – REF. BOAT "PHUOC THIEN" ALONGSIDE TO PORT. STE
	"		"			0135 – 2ND REF. BOAT SIGHTED BY VESSEL
C	8	1007	30			0145 – 26 VIET. REF. BOARDED POS. 08 27 N, λ 108
						0330 – 2ND REF. BOAT ALONGSIDE BOAT NO. NIL
						0353 – 29 VIET. REFUGEE BOARDED POS. LAT. 08 27N, λ 1[illegible] 15
						06.40 Ref. Boat located by vessel; NF Ahd
C	8	1008	33		15	07.23 stopped; 07.24 Ref-Boat "NGOC HIG[illegible]
						alongside; 07.35 Boarded 27 Ref. on Pos.: φ 08° 39' N λ 108° 21' E
						0805 – C.O.V. H'AHD T/C 240°
						0930 – HELI TAKE OFF NF 160 RPM A/C TO 230° T.
C	8	1008	35		58	1002 – HELI LOCATED REF. BOAT A/C TO 025° T 175 RPM
						1110 – BOAT LOCATED BY VESSEL 1156 – VSL. STOP
						1120 – HELI LOCATED REF. BOAT

Total Engine Revs.

Longitude	Steaming Time	Speed	
By Ac'nt	This Day 10.91	Average 13.74	Distance per Log
Obs. 107 51 E	Total 104.76	Total Average 12.22	Error, per cent
			Magnetic Variation 0.7 E

Sky	Visibility	Barometer	Air Temp.	Sea Temp. RPM	Log Reading	REMARKS
C	8	1006	35			1202 – BOAT ALONGSIDE TO PORT
						1210 – REFS. BOARDED 8 POSN. LAT 08°51'N LONG 107°51'E
"	"	"	"			1220 – HELI LANDED
						1224 – CONTINUE SEA VOY. HALF AHEAD 1229 – HELI TAKE O
	"	"	"			1235 – REFUGEE BOAT SIGHTED BY VESSEL.
						1249 – HELI LANDED. 1305 – STOP ENGINE
C	8	1005	33	170	36	1312 – REF. BOAT NO. "AN GIANG 0047" ALONGSIDE TO POR
						1325 – 78 VIET. REFUGEE BOARDED POS. LAT. 08 49 N LONG. 107 40 E 1407 – CONTINUE SEA VOY. HALF AH
						1412 – INCREASE RPM TO 170. N.F. AHEAD.
						1600 – GRAND COMPORE ∅ 278 DIST.: 46.5 N.M.
						15.00 fix φ 08° 01' N λ 106° 50' E
C/O	7	1006	30	160	57	

verfügt über je zwei 15- und 50-Tonnen Ladebäume und bietet bei ihren 118,7 Meter Länge und 17 Meter Breite dem Hubschrauber Startgelegenheit vom Deck aus, um Suchaktionen des Schiffes zu unterstützen. Die vier Ventilatoren für die Laderäume erwiesen sich für die Arbeit der Ärzte und Schwestern im Bordhospital, wie für den Aufenthalt der Flüchtlinge im Schiffsbauch als äußerst günstig. Während der Versorgung der Vietnam-Flüchtlinge in den indonesischen Camps auf den Anambas Inseln, war die Größe des Schiffes und seine Transportfähigkeit wichtig: Die Cap Anamur versorgte über ein halbes Jahr die Flüchtlingslager Air Raya, Letong und Kuku auf den Anambas mit Nahrungsmitteln.

DANGER

Wenn das Wetter es erlaubt, verläßt drei Mal am Tag der kleine, wendige Helicopter die Cap Anamur für einen 2 $^{1}/_{2}$ Stunden Suchflug. Neben und hinter dem Piloten nehmen Mitglieder der „Medical Crew" Platz, die mit Ferngläsern das Seegebiet links und rechts der Maschine absuchen. Hat der Hubschrauber ein Flüchtlingsboot entdeckt, wird die Position an die Cap Anamur gefunkt, die sofort mit voller Kraft die angegebene Stelle ansteuert. Der Hubschrauber bleibt bei dem Boot, versucht Genaueres über Zahl und Verfassung der Insassen zu erfahren und den Flüchtlingen zu signalisieren, der Cap Anamur entgegen zu fahren. Sobald das Schiff den Helikopter sehen kann, setzt entweder dieser seine Suchmission fort oder kehrt an Bord zurück. Dann übernimmt das Schiff die Flüchtlinge.

Suchen, mit den Augen verfolgen, finden

Es ist immer die gleiche Situation: man schaut, guckt, blinzelt in die spiegelglatte oder aufgewühlte See, das Auge beißt sich fest, tut schon weh – und dann vielleicht, sieht man genau zwischen den Wellen, weit entfernt, einen kleinen schwarzen Punkt, ein Paar Millimeter unter dem Horizont.
Man meint als Laie, das Suchen und Auffinden von solchen Flüchtlingsbooten müßte mit dem hervorragenden technischen Equipment eines modernen Hochseedampfers ja ganz leicht sein. Immerhin gibt es auf der Cap Anamur zwei Radar-Anlagen. Doch ist das Suchen nach winzigen Flüchtlingsbooten, das kleinste war 3 mal ein Meter groß – mit Radar gar nicht zu leisten. Die Boote erscheinen, wenn überhaupt, erst in der vier/fünf Meilenzone auf dem Schirm, eine Entfernung, die man auch so überblickt.

Das Suchen auf der Cap Anamur geschieht mit dem bloßen Auge, verstärkt und unterstützt durch Feldstecher und ein Nachtsichtgerät, das das Komitee von der Firma Telefunken geliehen bekam.

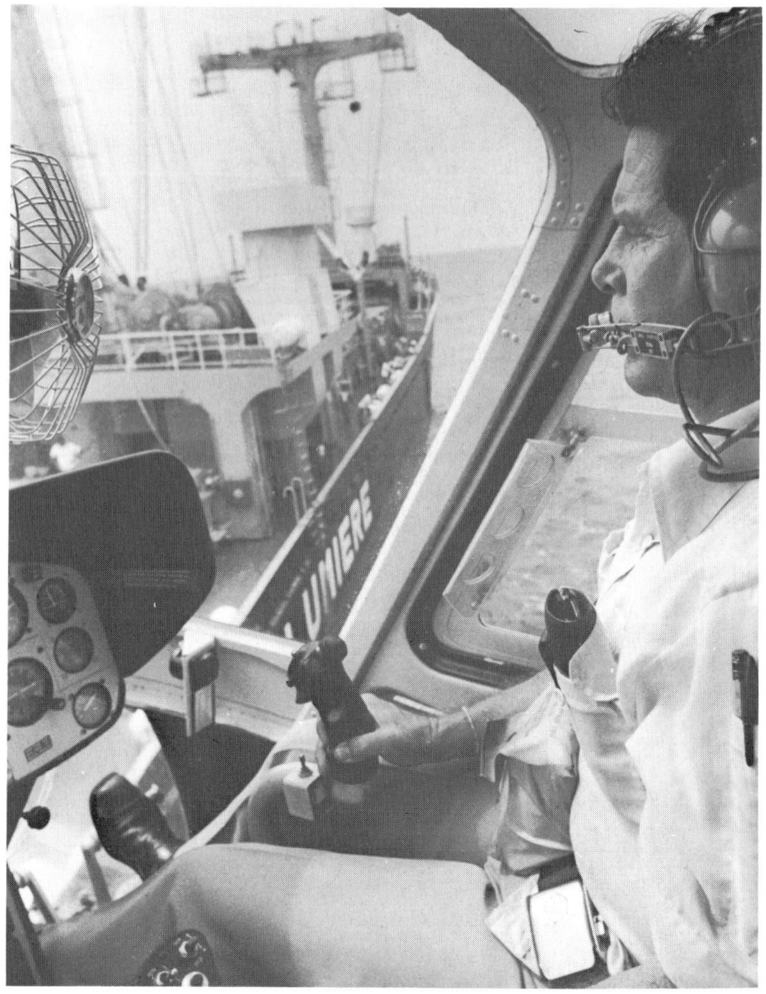

Suchdienst im Hubschrauber. Ein Mitglied der „Medical Crew".

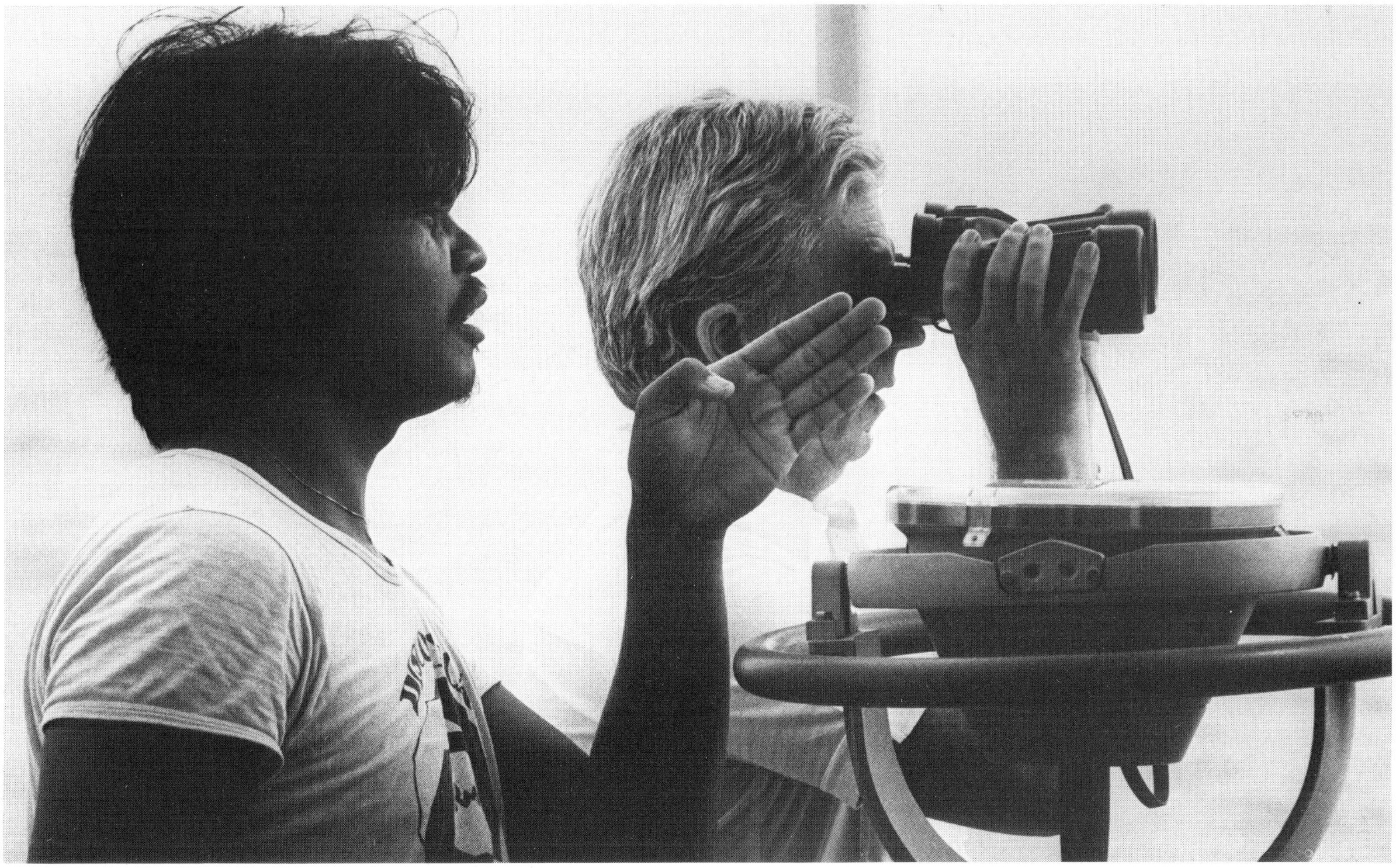

Die Habichtsaugen der philippinischen Besatzung waren den „gewöhnlichen" deutschen Augen weit überlegen.

Absuchen des Radarschirms

Der jüngste Maat

Am 8. Juli entdeckt der wachhabende Matrose das Boot DN 1184. Seit Tagen fegt über dem Chinesischen Meer ein Sturm mit Windstärke acht bis neun. Der Helicopter muß untätig, fest vertaut an Deck bleiben. Das nur zehn Meter lange, aber gut gebaute Boot wird seit Tagen von der rauhen See wahllos hin- und hergeworfen und macht Wasser. Die Besatzung hat die Orientierung völlig verloren. Das Boot ist eine willenlose Beute der Strömungen, der Wellen, von Wind und Wasser.

Völlig erschöpft, durchnäßt, verängstigt und am Ende aller Kräfte. Der Bootsführer unter seiner SOS-Fahne versucht die extreme Seenotsituation der Cap Anamur zu verdeutlichen.

Die Vorräte: Treibstoff und Trinkwasser am Hinterdeck.

Die Ladung: 132 zusammengepferchte Flüchtlinge, darunter 56 Kinder unter 14 Jahren.

Als klar wird, daß das Boot gerettet ist, zeigen diese beiden jungen Männer überglücklich ihre Schutzheiligenbilder. Die Flüchtlinge sind arme, katholische Fischerleute.

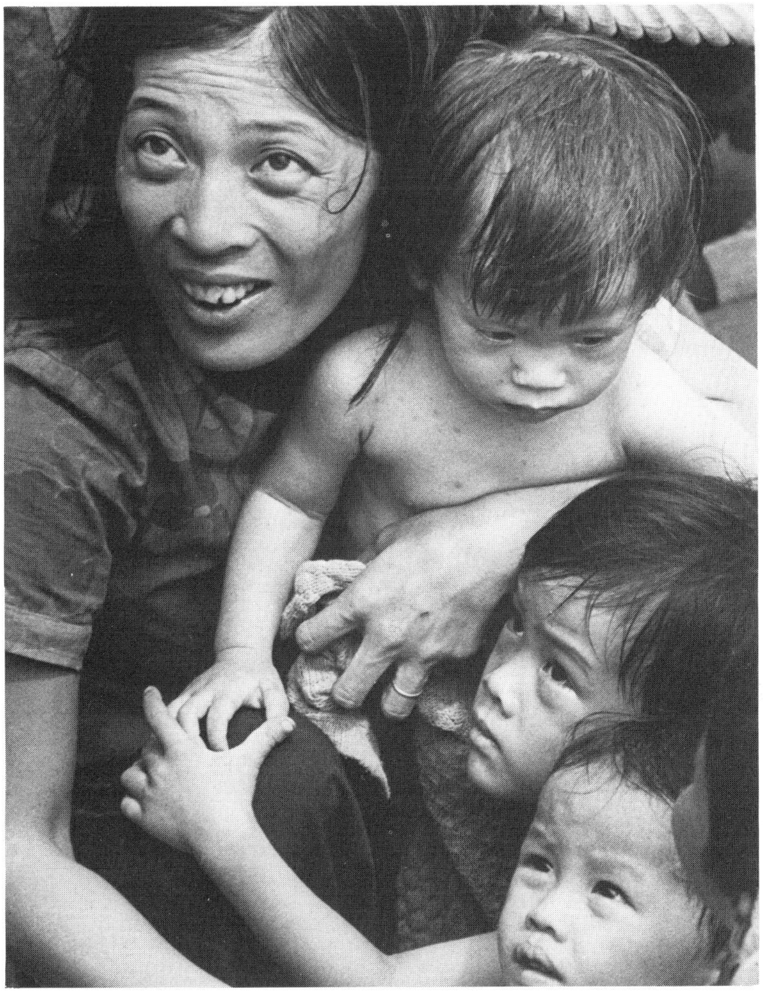

Die Erschöpfung, das Entsetzen über die vergangenen elfeinhalb Tage, in denen diese 132 Menschen in ihrem kleinen Boot zusammengepfercht waren und jeder von diesen Menschen schon lange mit dem Leben abgerechnet hatte, das Grauen dieser Fluchtsituation spiegelt sich in diesen Gesichtern ebenso wieder, wie ein erstes Aufatmen. Viele dieser Flüchtlinge waren ohne ihre Angehörigen, manche Kinder ohne ihre Eltern abgefahren. Die Flucht war ursprünglich für etwa 200 Menschen geplant gewesen. Etwa 70 von ihnen erschienen aber nicht in Vung-Tau zum verabredeten Zeitpunkt. Als sich in der Dunkelheit ein Küstenwachboot der vietnamesischen Marine näherte, entschlossen sich die bereits an Bord befindlichen Flüchtlinge, schnell aufzubrechen und nicht länger zu warten. Was mit den 70 noch zu erwartenden Flüchtlingen geschah, wußten die Bootsinsassen nicht zu sagen. Es wurden durch dieses Ereignis mehrere Familien getrennt. Die Jüngsten der alleinreisenden Kinder waren ein Bruderpaar von sieben bzw. acht Jahren.

Sobald das Flüchtlingsboot an der Cap Anamur festgemacht hat und die Enternetze erreichbar sind, versuchen die Flüchtlinge fast panikartig, ihr Boot zu verlassen. Dabei kann es leicht zu gefährlichen Situationen kommen, in denen das Boot kentern könnte. Deshalb geben Kapitän und Offizier harte Kommandos über Megaphon: „Don't hurry, only one by one". Einige philippinische Matrosen gehen an Bord des Bootes, helfen den Kräftigen die Netze zu erklimmen und holen die geschwächten, nicht mehr gehfähigen Kinder aus den Luken. Eine Plattform wird heruntergelassen, um die Frauen und Kinder sicher an Bord der „Cap Anamur" zu schwenken.

Nach dem tagelang Zusammengepferchtsein können die Flüchtlinge an Deck der „Cap Anamur“ kaum auf den Beinen bleiben. Unterstützt und getragen werden die Geretteten unter Deck gebracht. Eine alte Frau faltet nach asiatischer Tradition dankend die Hände.

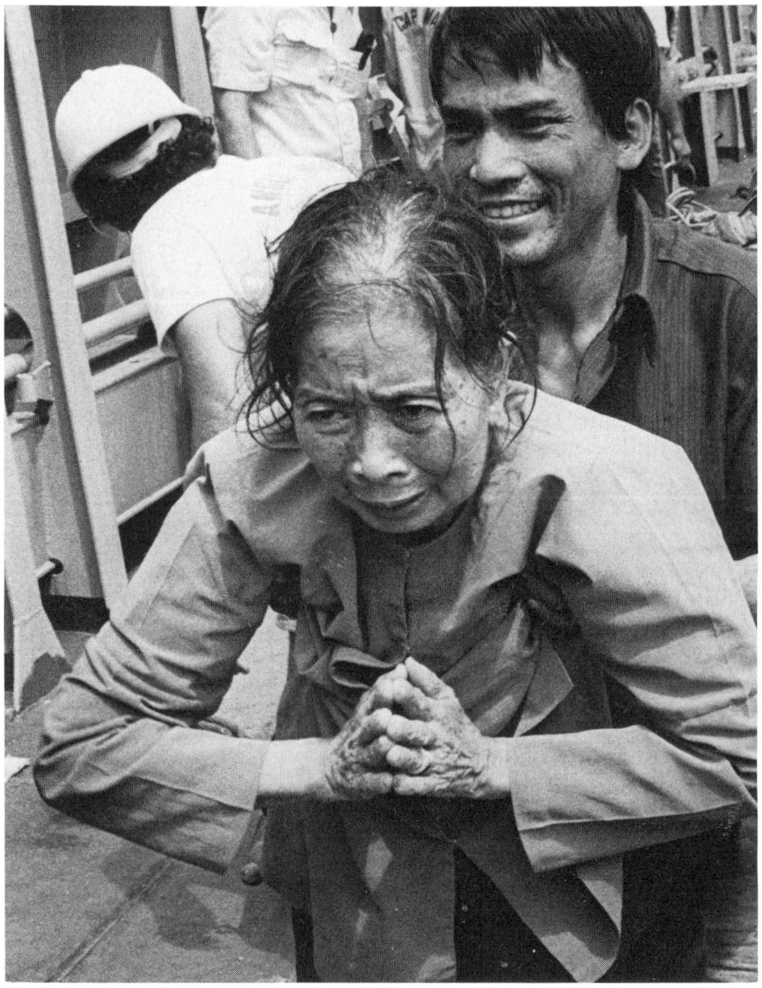

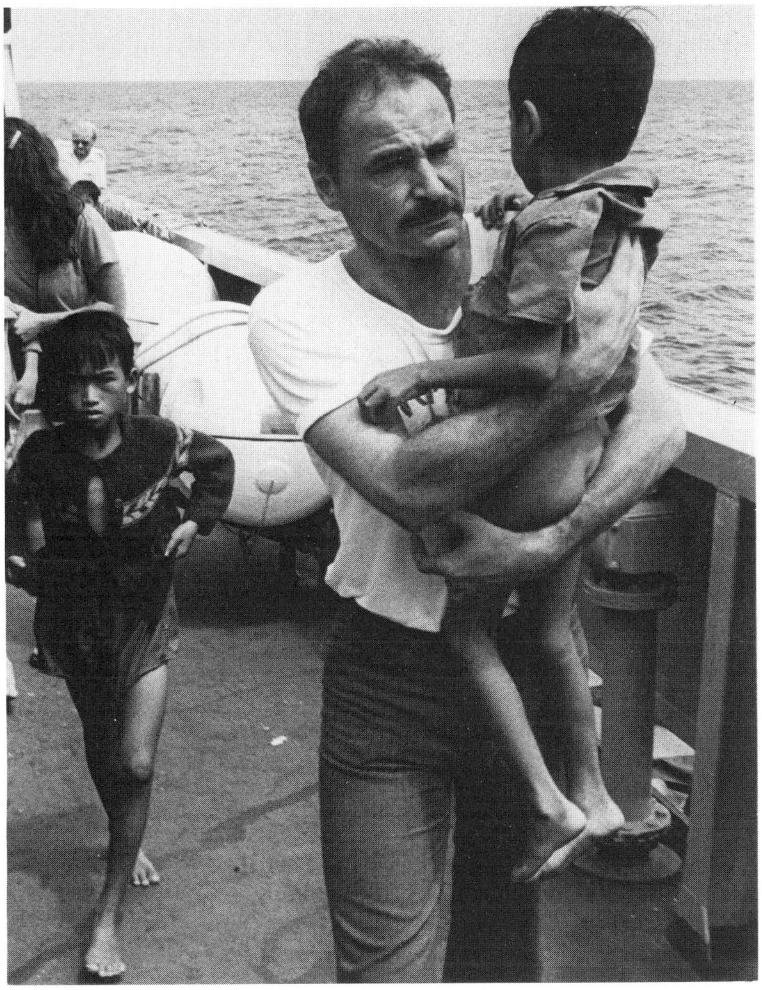

Der kleine Junge hat sich die ganze Reise über nicht von seiner Mundharmonika getrennt.

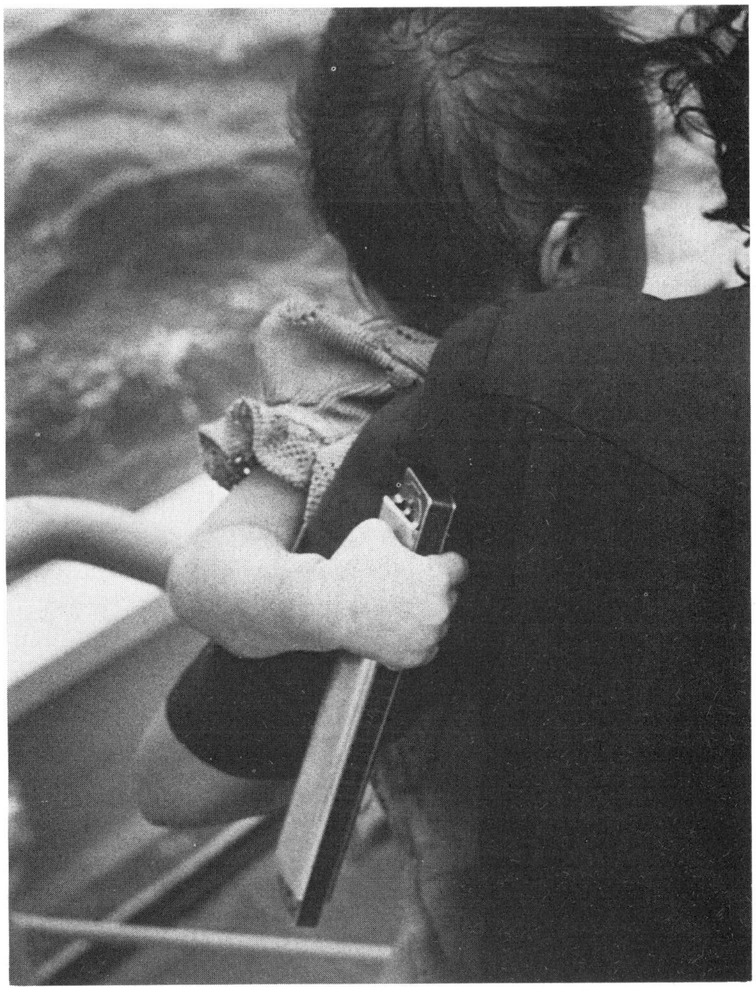

Danach: die Spannung löst sich, die Gesichter beginnen die unmenschliche Anstrengung zu verlieren, der Tee bringt etwas Vertrautes, er wärmt.

Wenn die Flüchtlinge an Bord sind, wird das Fluchtboot versenkt, weil es eine potentielle Gefahr für die Seefahrt darstellt.

Aus einem Protokoll der Mediziner der „Cap Anamur“

„Am 4. Juli 1980 übernahm M/S Cap Anamur/Port de Lumière im Südchinesischen Meer auf der Position 08°29' N/108°06' – einundvierzig vietnamesische Flüchtlinge (davon 21 Männer, 11 Frauen und 9 Kinder von 14 Jahren und darunter) aus ihrem Boot, das keine Bootsnummer trug. Das Boot war erstmals am 4. Juli um 3.40 Uhr nachts von einem Brückenausguck entdeckt worden. Es war zunächst ein nur sehr schwacher, in unregelmäßigen Abständen verschwindender Lichtpunkt am Horizont zu erkennen. Durch das Nachtsichtgerät war erkennbar, daß es sich um das konstante Licht eines immer wieder in den Wellen verschwindenden Bootes handelte. „Cap Anamur“ lag zu diesem Zeitpunkt treibend und hell erleuchtet mehrere Meilen von dem Flüchtlingsboot entfernt. Als das Schiff die Deckbeleuchtung abschaltete, wurde von dem Flüchtlingsboot die erste von insgesamt drei roten Notraketen um 3.50 Uhr abgefeuert. Cap Anamur lief daraufhin sofort mit höchstmöglicher Fahrt in Richtung der Position des vermuteten Flüchtlingsbootes. Um 4.00 Uhr konnte das Fahrzeug durch das Nachtsichtgerät zweifelsfrei als Flüchtlingsboot identifiziert werden. Das Boot sandte schließlich auch mit bloßem Auge erkennbare SOS-Signale. Die Flüchtlinge fuhren trotz der schweren See-Windstärke 5 bis 6, Wellen-

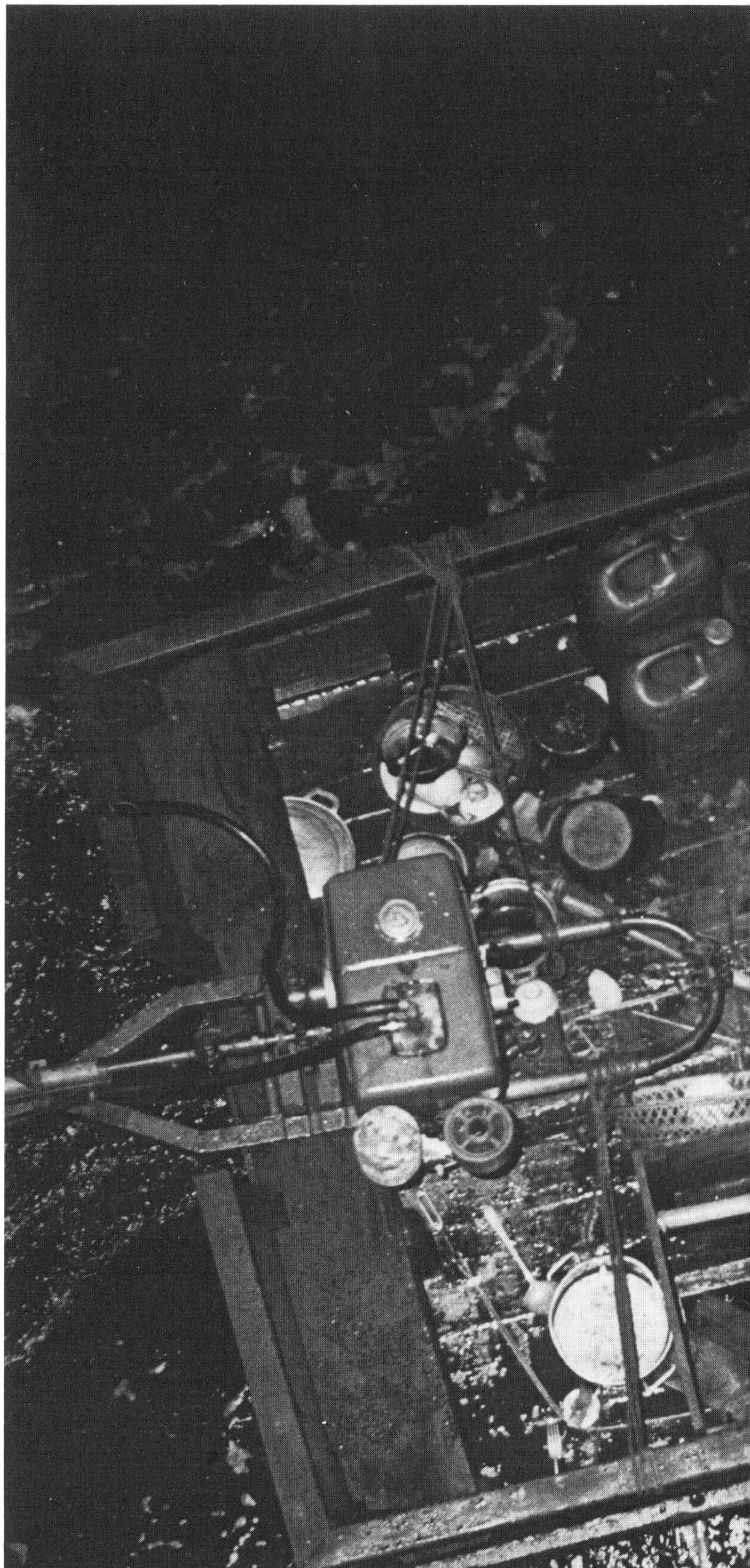

gang Stärke 6 – zunächst am Schiff vorbei und bis unter das Heck der Cap Anamur. Sie erklärten später, dieses Manöver durchgeführt zu haben aus Furcht, es könne sich bei dem Schiff um ein russisches Handelsschiff handeln. Die 41 Flüchtlinge waren nach 31stündiger Seefahrt bei hohem Seegang sehr erschöpft, aber körperlich in einem guten Zustand. Sechzehn Stunden nach der Übernahme erlitt eine junge Frau eine komplette Fehlgeburt.

Diese Flüchtlinge hatten zwar von der Existenz eines französischen Rettungsschiffes gewußt, kannten aber nicht den Namen „Cap Anamur". An Bord war ein 16-jähriger Junge, der bei einem früheren Fluchtversuch auf einem sowjetischen Handelsschiff gelandet war und von diesem wieder nach Vietnam gebracht wurde. Die Folge: einige Monate Gefängnis".

Geborgen im „Bauch" der Cap Anamur"

In zwei großen Laderäumen des deutschen Rettungsschiffes werden die Flüchtlinge untergebracht. Einfache Holzpritschen und Decken reichen für die Unterbringung während der 10 bis 14 Tage bis Singapur aus, als Kopfkissen dient meist eine Schwimmweste.

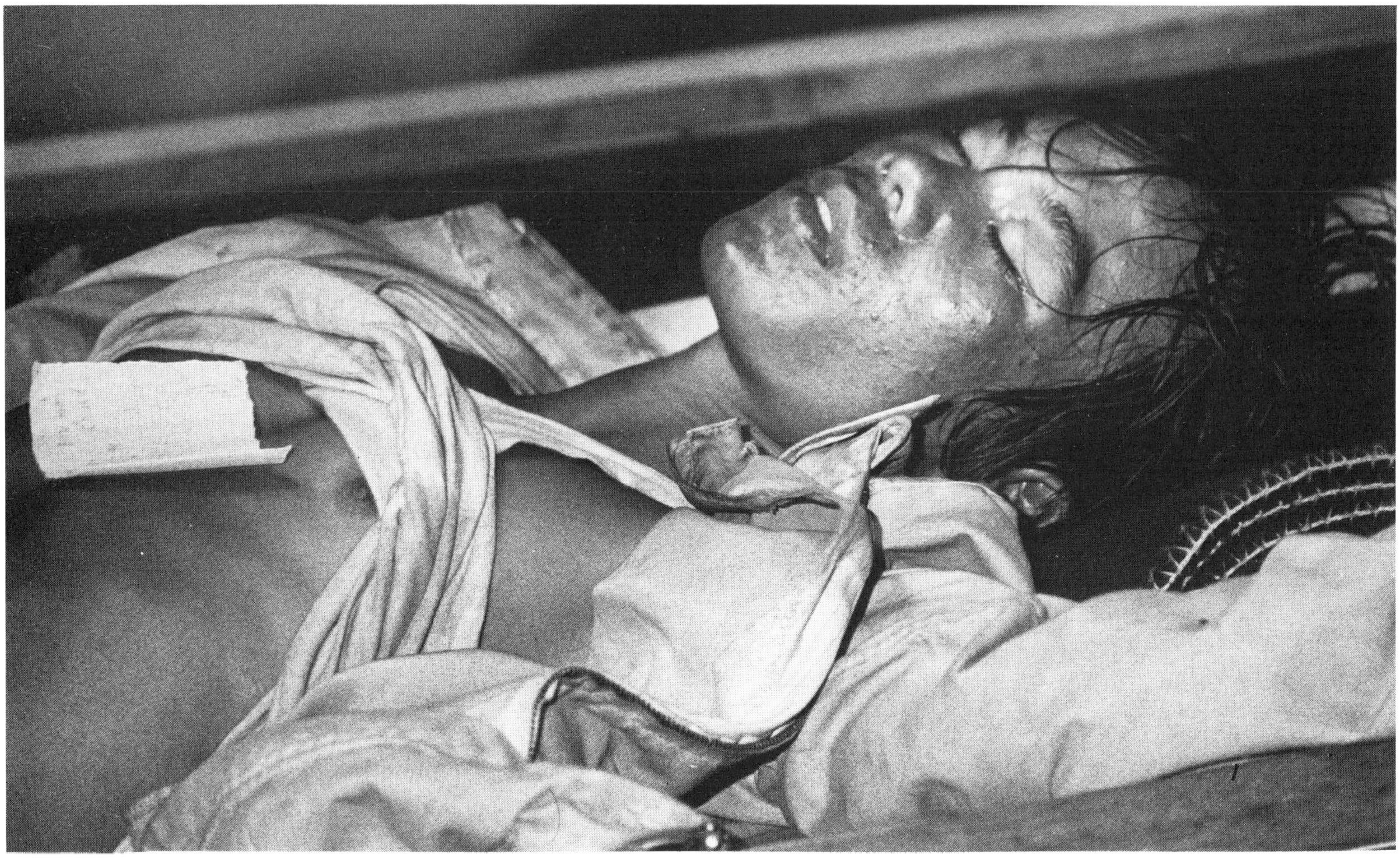

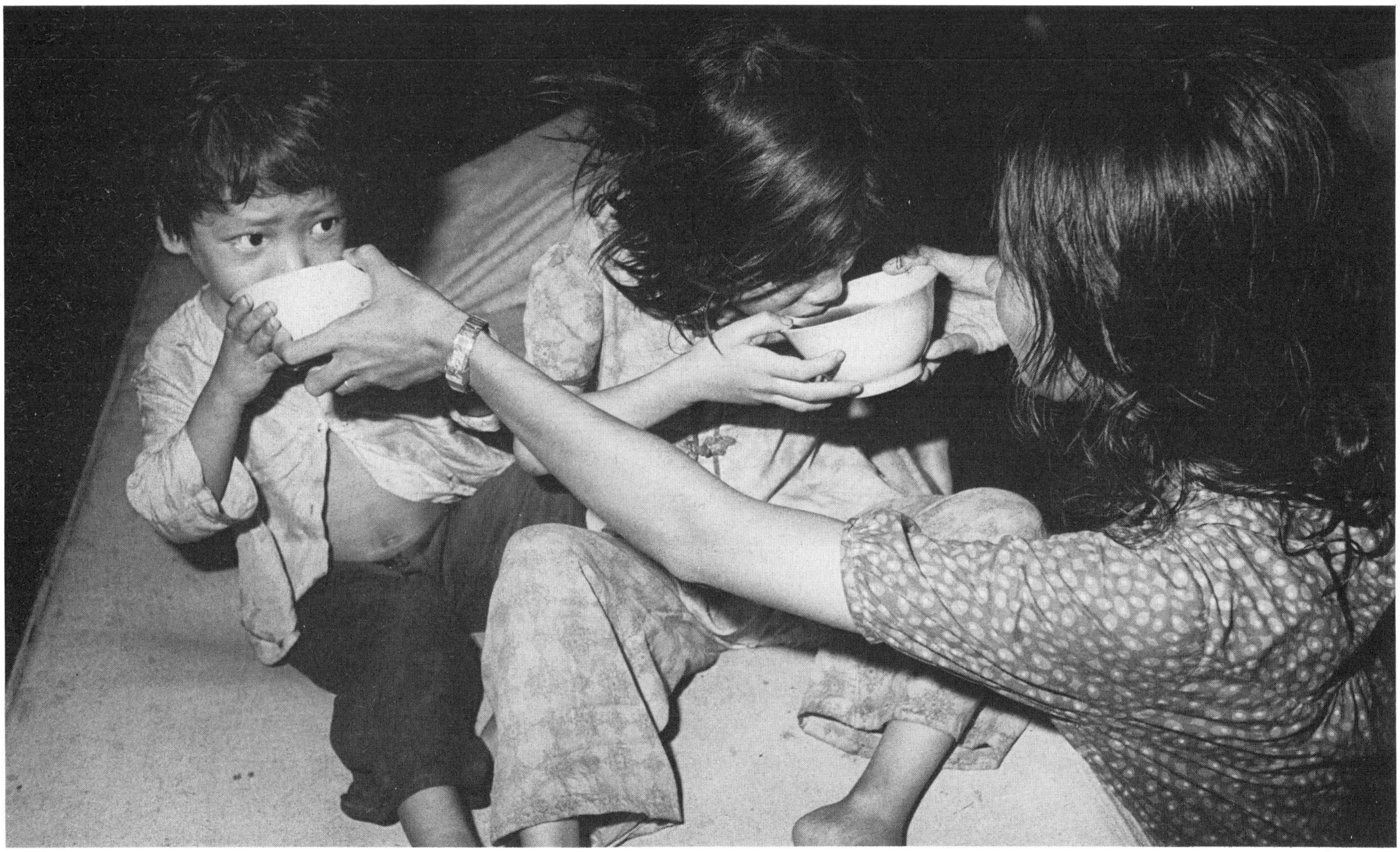

Erschöpft, dem Tode gerade entronnen, müde, die erste Tasse Tee nach der Flucht, geborgen, fast glücklich.

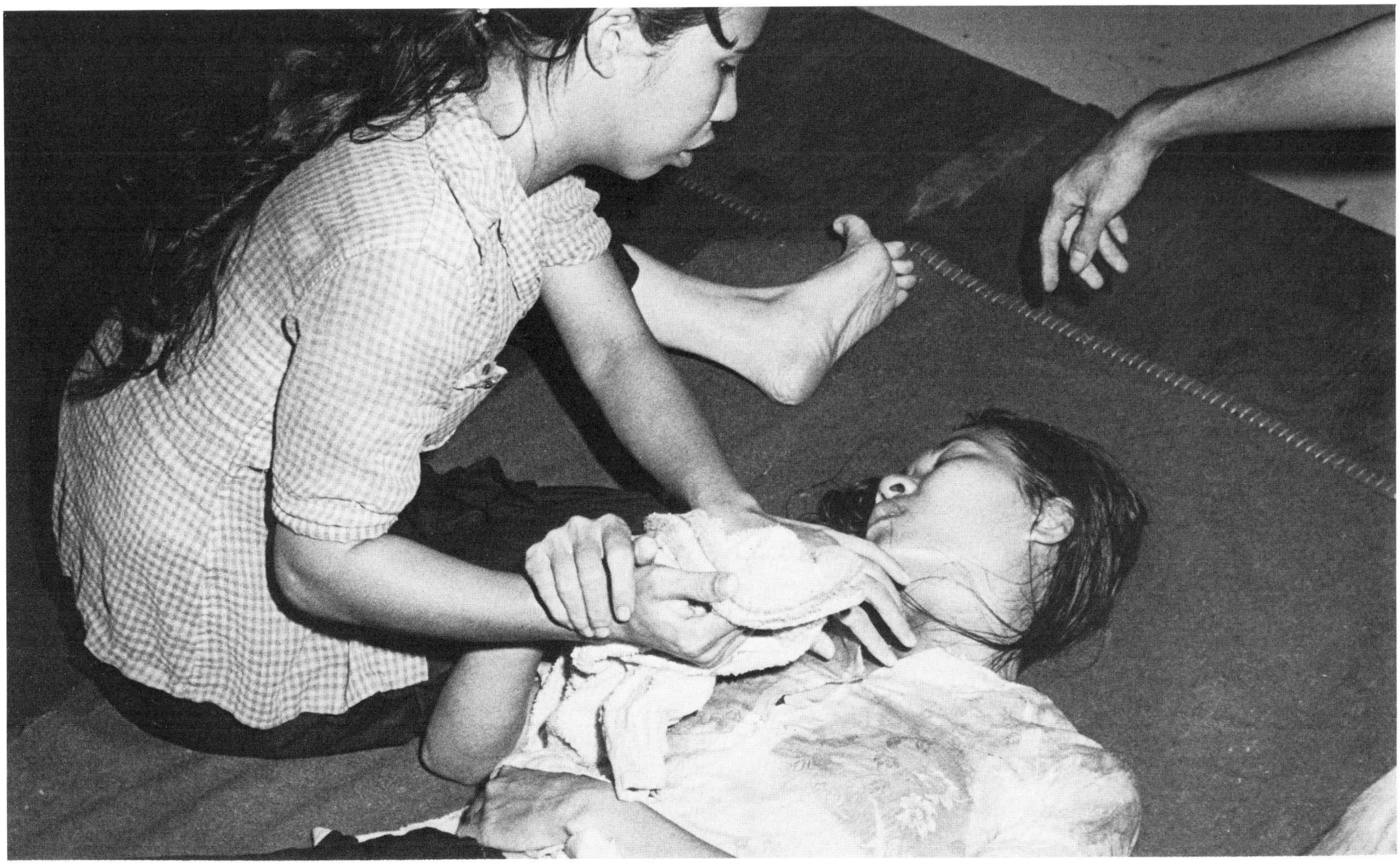

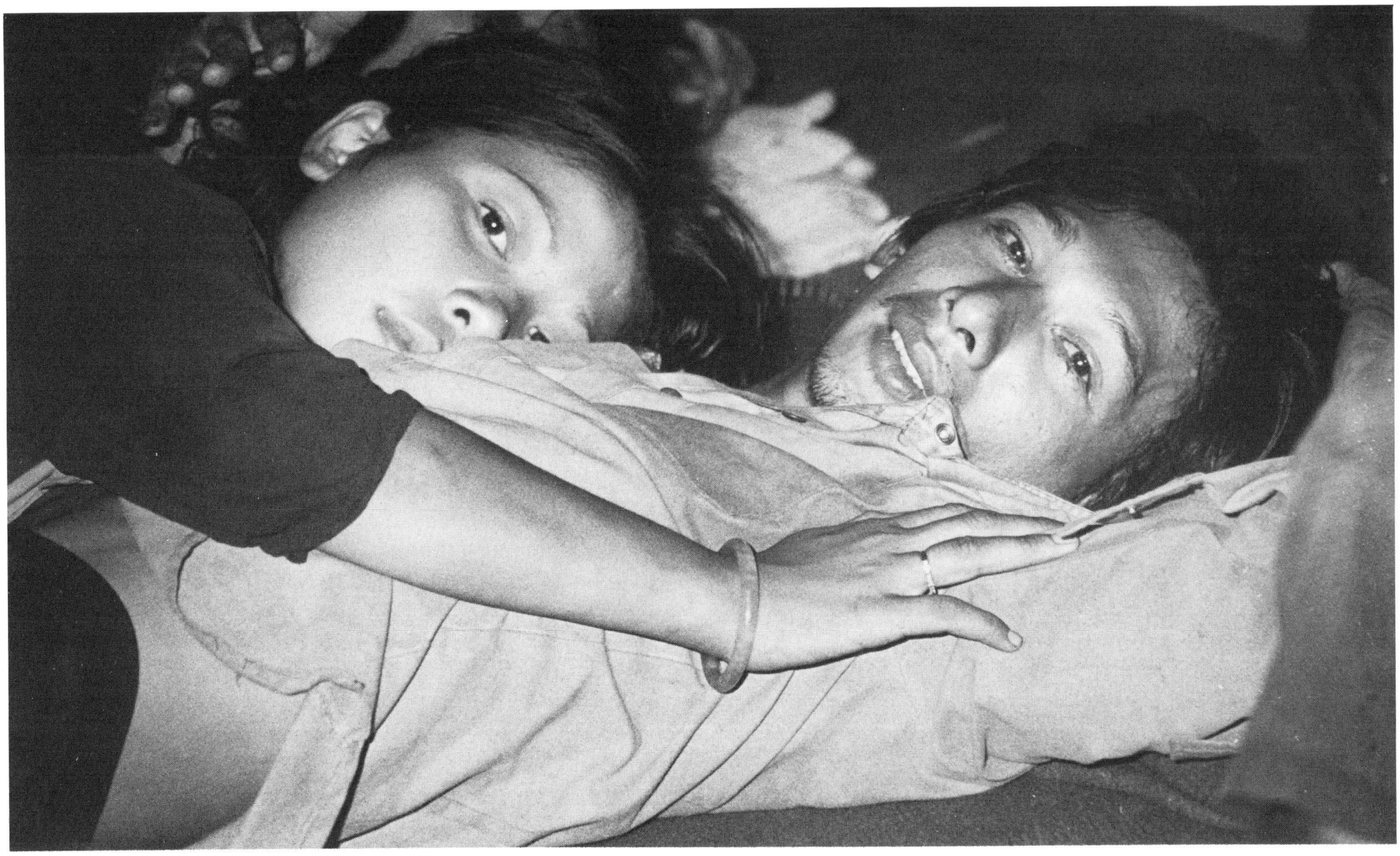

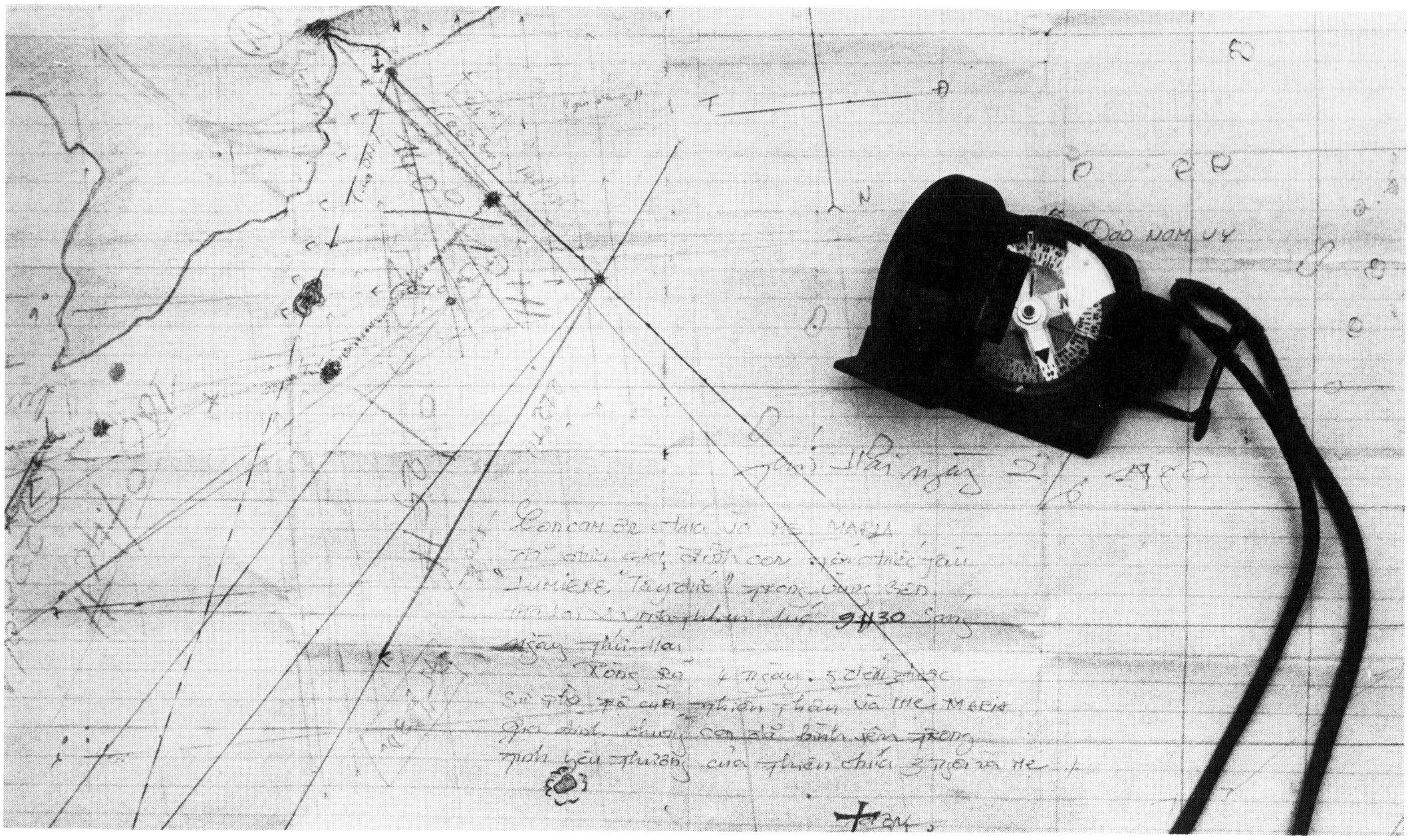

„In kleinen, lächerlichen Booten . . ."

Bundeskanzler Helmut Schmidt

Die Boote, in denen die Flüchtlinge Vietnam verlassen, sind gerade ausreichend für eine Flußfahrt, aber in keinem einzigen Fall für die Fahrt über das rauhe chinesische Meer ausgerüstet. Diese Boote sind zudem meist rettungslos überfüllt. Außerdem gibt es nur in seltenen Fällen die für eine Meeresfahrt notwendigen nautischen Hilfsmittel. Die abgebildete, aus einem Schulatlas nachgezeichnete, See-Karte mit dem US-Army Handkompass waren die einzigen Navigationshilfen eines Flüchtlingsbootes. Nach der Rettung durch die „Cap Anamur" kritzelte der Bootsführer ein Dankgebet auf die Karte und schenkte diese dem leitenden Arzt.

„Dank an Jesus und die Mutter Maria, die meine Familie und mich zu dem Westdeutschen Schiff „Lumière" im Golf von Malaysia um 9.30 Uhr am Montag gebracht haben. Nach vier Tagen und fünf Nächten sind meine Familie und ich selbst nun sicher, dank dem Schutz der Heiligen und der Mutter Maria. Dank an die Liebe der Dreifaltigkeit und die Mutter Maria".

Es ist oft bestritten worden von den offiziellen Verbänden der Reeder, auch dem Deutschen Reeder-Verband, aber es läßt sich nicht mehr verheimlichen: Viele Frachter und andere kommerzielle Schiffe fahren an Flüchtlingsbooten, die zu erkennen geben in Seenot zu sein, vorbei. Die 132 Flüchtlinge des Bootes DN 1184 CA waren auf ihrer Elf-Tage-Fahrt insgesamt acht Handelsschiffen begegnet.

Aus dem Protokoll der Mediziner der „Cap Anamur": „Ein südkoreanisches Schiff passierte die Flüchtlinge am 28. Juni, also dem zweiten Tag der Irrfahrt. Das Schiff hielt an und gab den Refugees Trinkwasser und Nahrungsmittel, außerdem erfuhren sie die aktuelle Seeposition. Dann passierte die M/S „Kind Fischer" der Golden Line/Singapur, gab ihnen ebenfalls Wasser und Nahrung, verweigerte aber die Aufnahme. Dann fuhr das Schiff „Pear Gulf" vorbei, dessen philippinische Besatzung ihnen ebenfalls zu essen und zu trinken gab, aber sie nicht aufnahm. Dann kamen sie noch an einem Tanker unbekannter Nationalität und an einem sowjetischen Frachter vorbei, der sie unbeachtet ließ. Später liefen in etwa 200 m Abstand noch drei weitere Handelsschiffe an ihnen vorüber, deren Nationalität nicht erkennbar war".

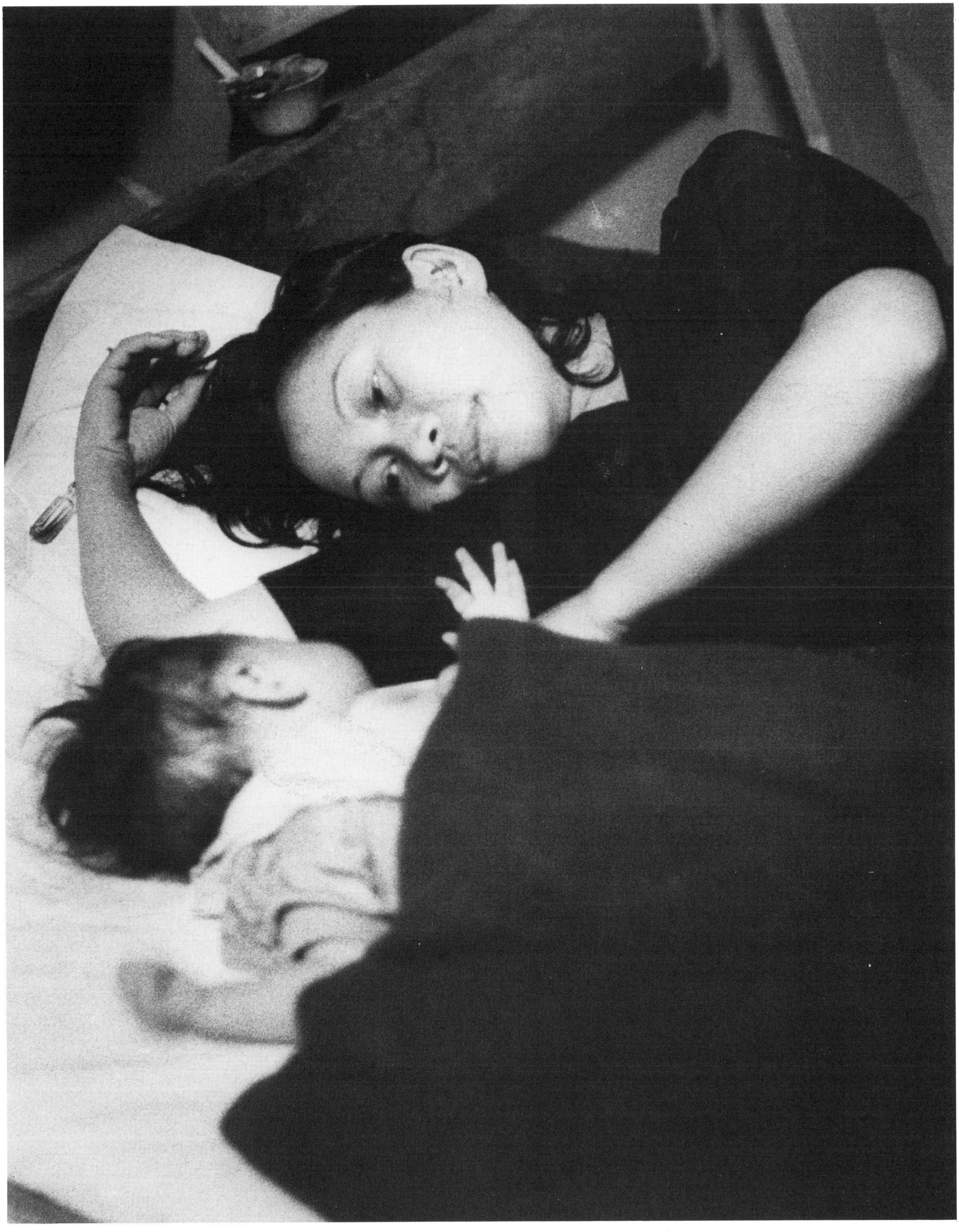

Ohne Ärzte wären sie gestorben

Die „Cap Anamur" als Hospitalschiff

„Suche und Rette" steht auf dem „Cap Anamur"-Shirt des Arztes, der bei den Wiederbelebungsversuchen eines Flüchtlingskindes assistiert. Wie so viele vorher mußte dieses dem Tode nahe, sonnenverbrannte Baby sofort nach der Übernahme infudiert und künstlich beatmet werden. Über Stunden dauerte die Prozedur mit Sauerstoffmaske und Infusionen, bis der 9 Monate alte Flüchtling als definitiv gerettet betrachtet werden konnte.

„Etwa 80 sind es gewesen, die in dem einen Jahr, die das „Schiff für Vietnam" nun fährt, auf der Cap Anamur gearbeitet haben. Deutsche Ärzte, Schwestern und Pfleger, die ihren Jahresurlaub drangeben und für jeweils zwei Wochen Dienst tun, ohne einen Pfennig dafür zu bekommen.

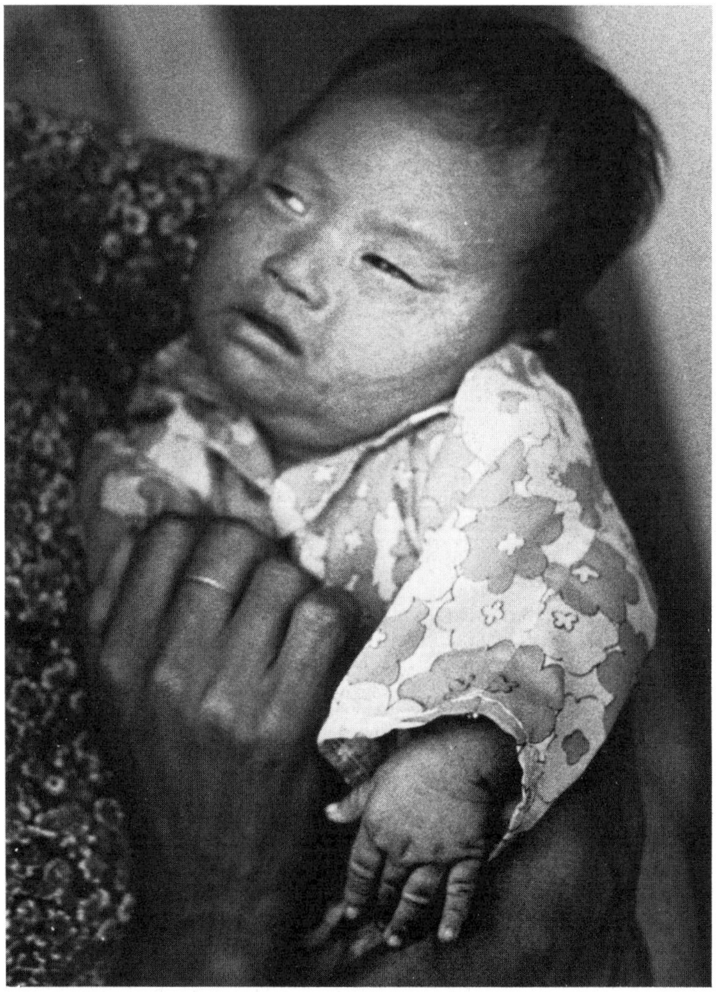

Was von Ihnen verlangt wird, ist viel, und es liegt jenseits der Medizin, die sie gelernt haben. Es verlangt von ihnen, Menschen zu untersuchen, die nicht in erster Linie Pillen brauchen, sondern Wasser und Tee; mit Menschen zu reden, die nichts begreifen, was man ihnen auf gut deutsch sagt. Und es verlangt von ihnen, Fragen zu beantworten mit Hilfe derer, die Englisch können.

Und natürlich, es verlangt von der medical crew auch, auf der Cap Anamur, die eigens zum Hospitalschiff umgerüstet worden ist, medizinische Versorgung zu betreiben. Und das heißt fast immer: Läuse bekämpfen, Krätze lindern, Erschöpfungen abbauen, gemeine Sonnenbrände kurieren. Es heißt auch, besonders bei den Kindern, Geschwüre spalten, Krämpfe behandeln, Malariaanfälle lindern.

Es heißt, freundlich bleiben auch nach fünf Stunden Arbeit in brütender, feuchter Hitze unter Deck, gelassen bleiben bei dem, der findet, er möchte doch lieber eine Hose wie jener. Ruhig bleiben bei solchen, die nach dem ersten Rettungsschock nun schon wieder anfangen zu organisieren, die sich die dritte Zahnpastatube abholen, einfach um etwas zu besitzen."

(Aus dem Bericht von Justus Boehnke in der Badischen Zeitung)

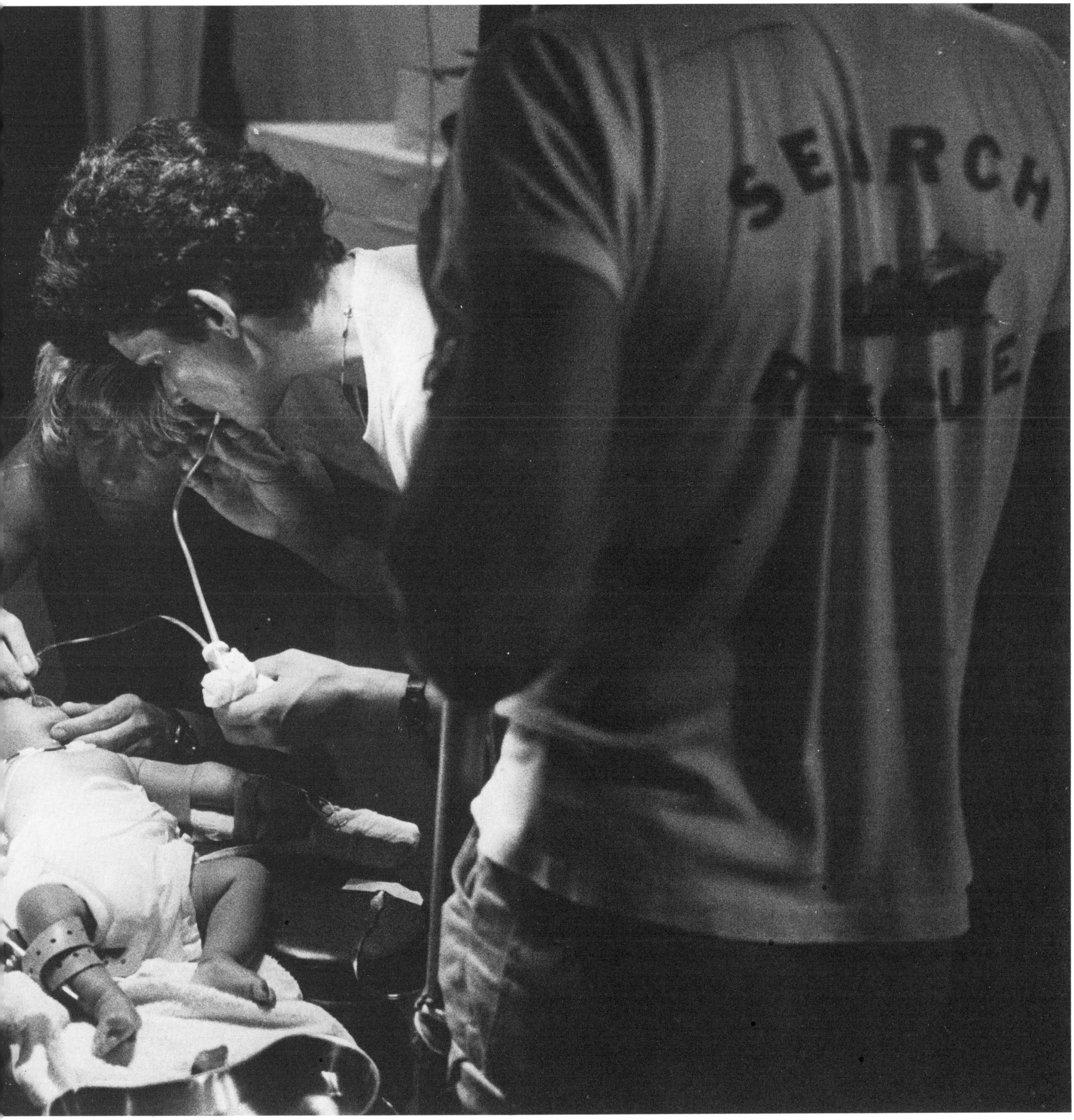

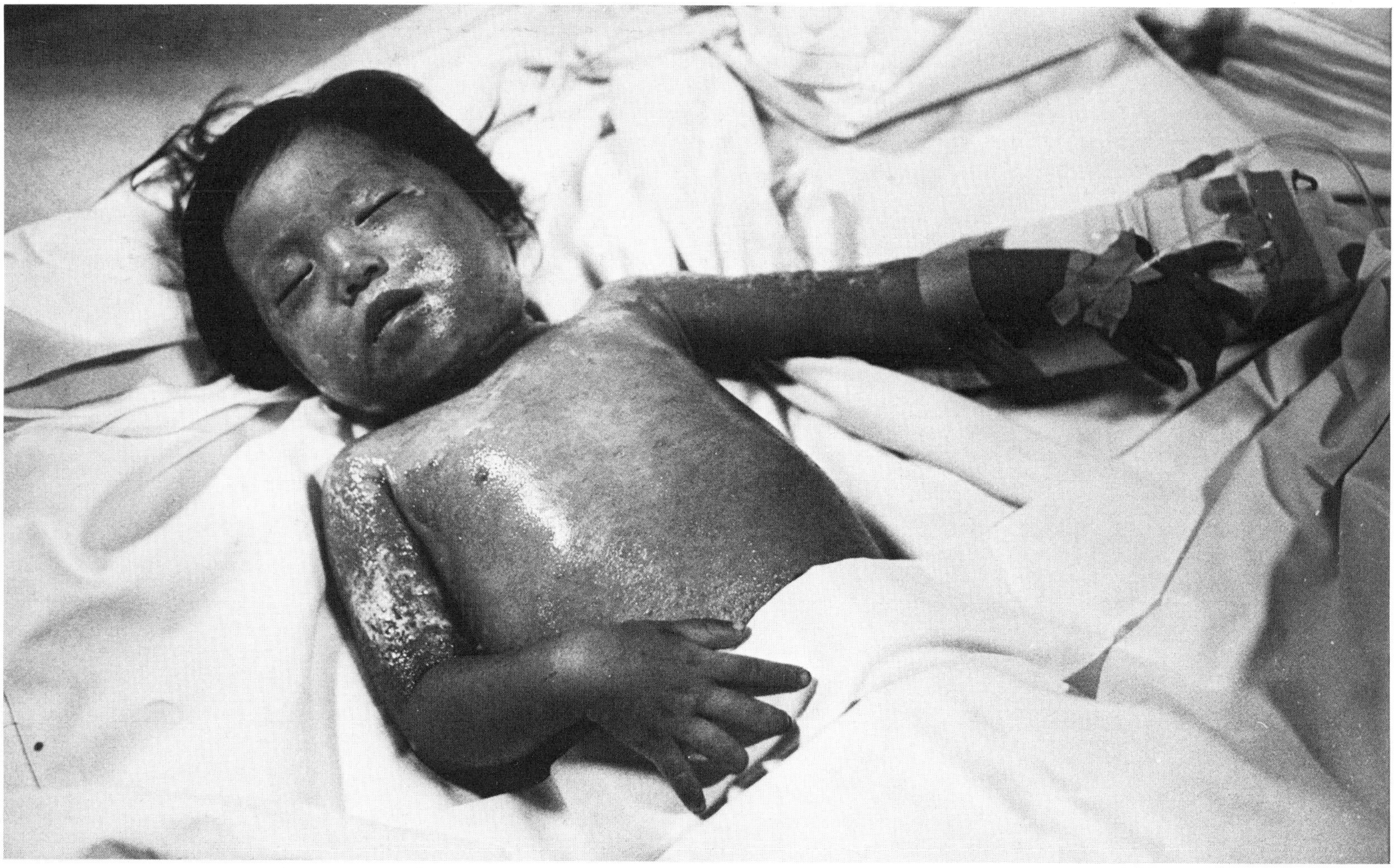

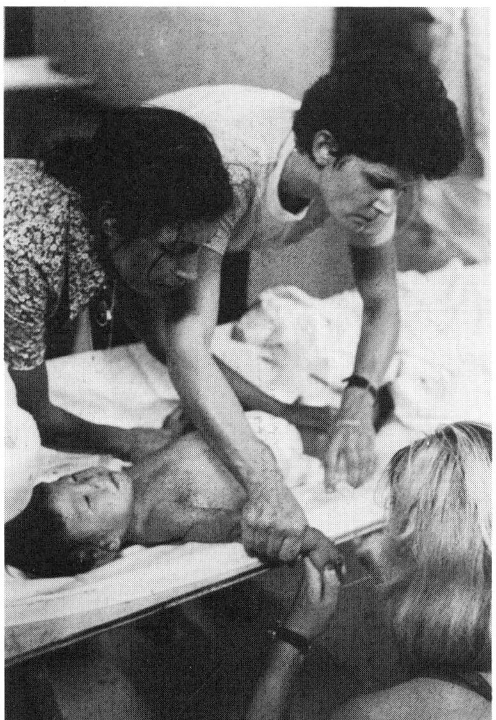

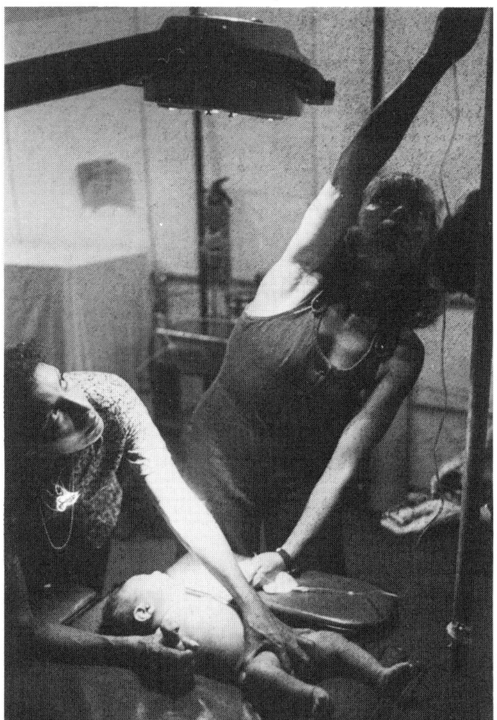

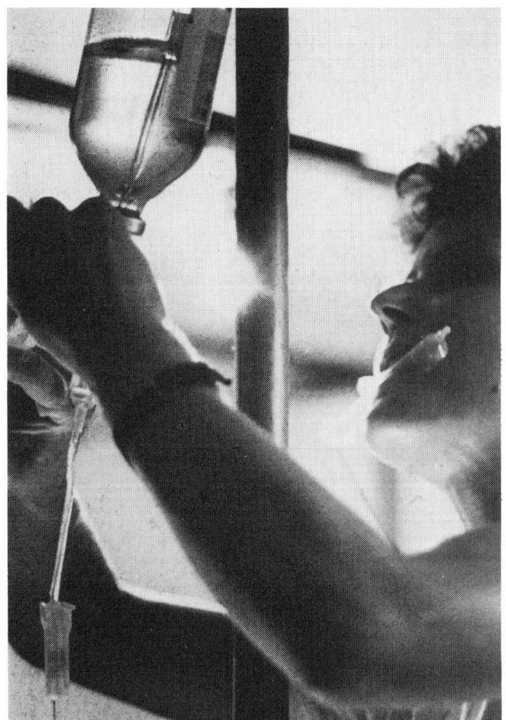

Die Kinder leiden am meisten unter den Bedingungen an Bord der Fluchtboote. Mit sonnenverbrannter und von Seewasser gepeitschter Haut, oft mehr tot als lebendig, kommen sie sofort nach Übernahme in die Hände der Ärzte und Schwestern. Auf dem Bild rechts kümmert sich die Äthiopierin Ann Morris, selbst Flüchtling aus Eritrea, um eine Patientin, für die die Mediziner „erstmal nichts mehr tun konnten".

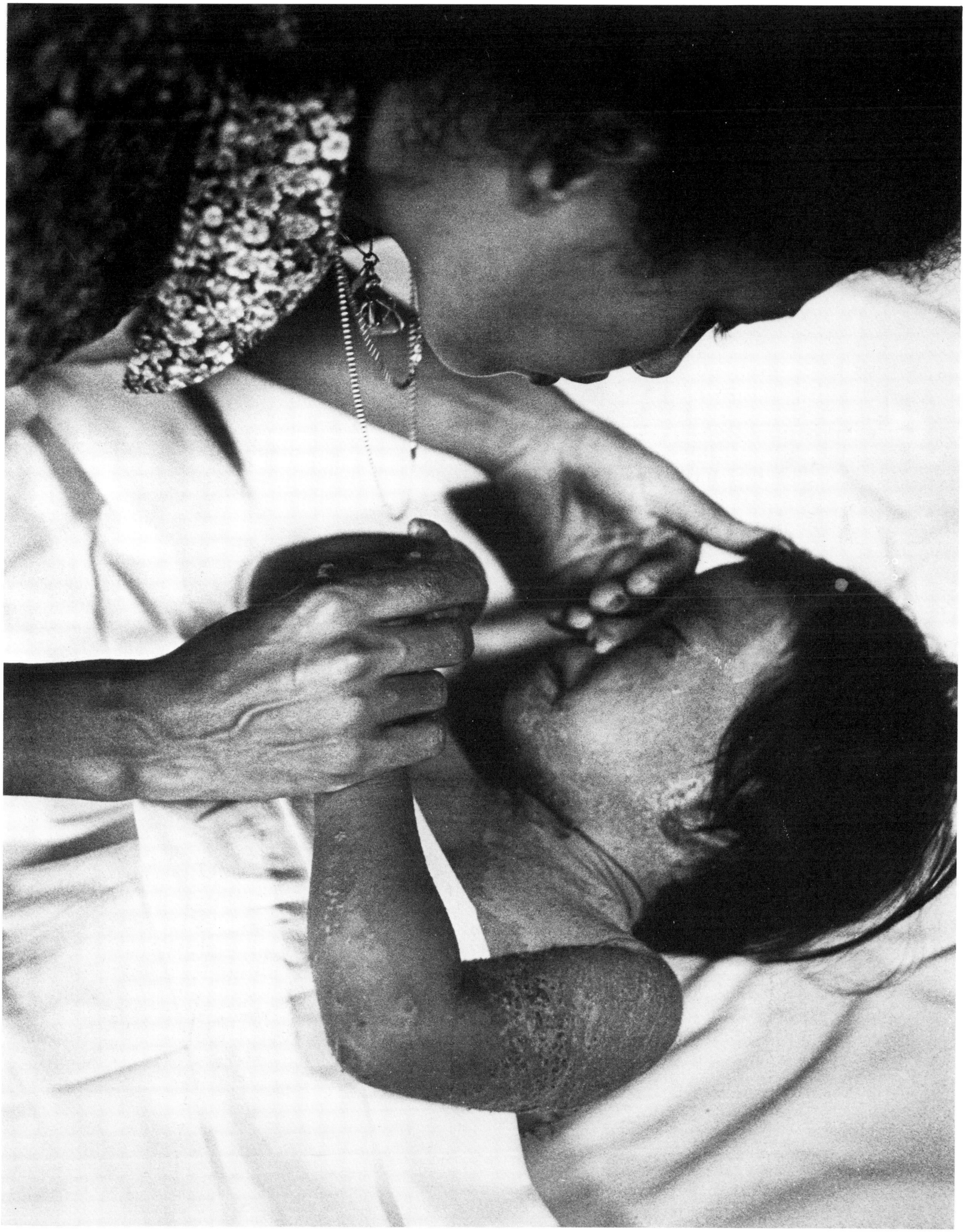

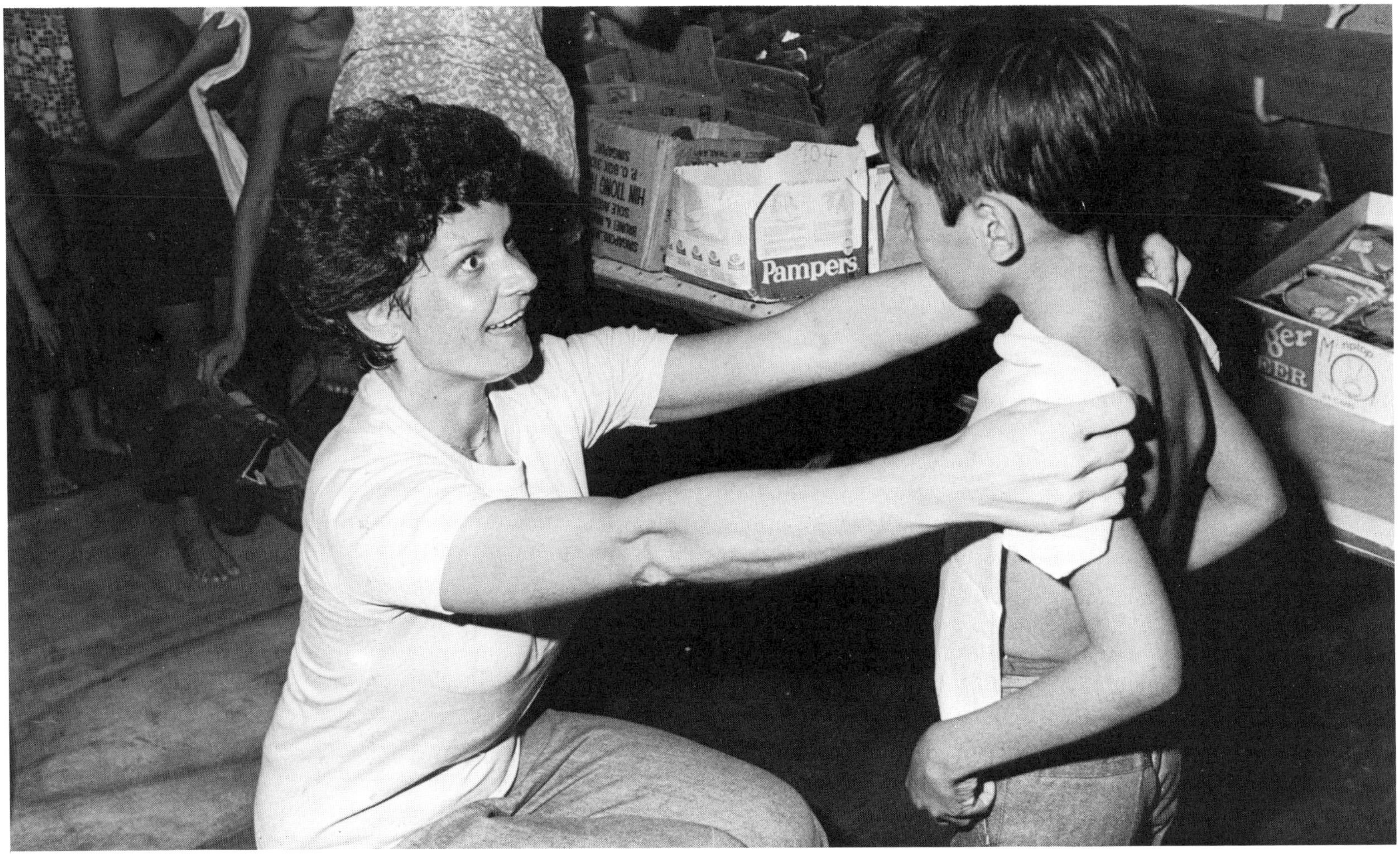

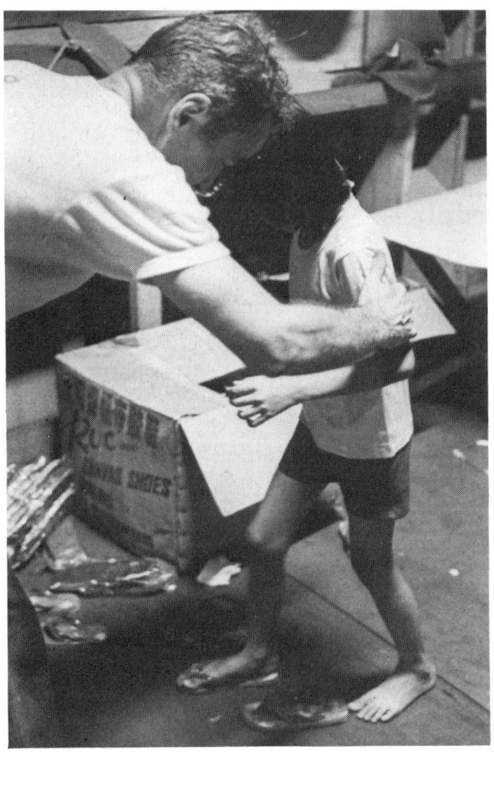

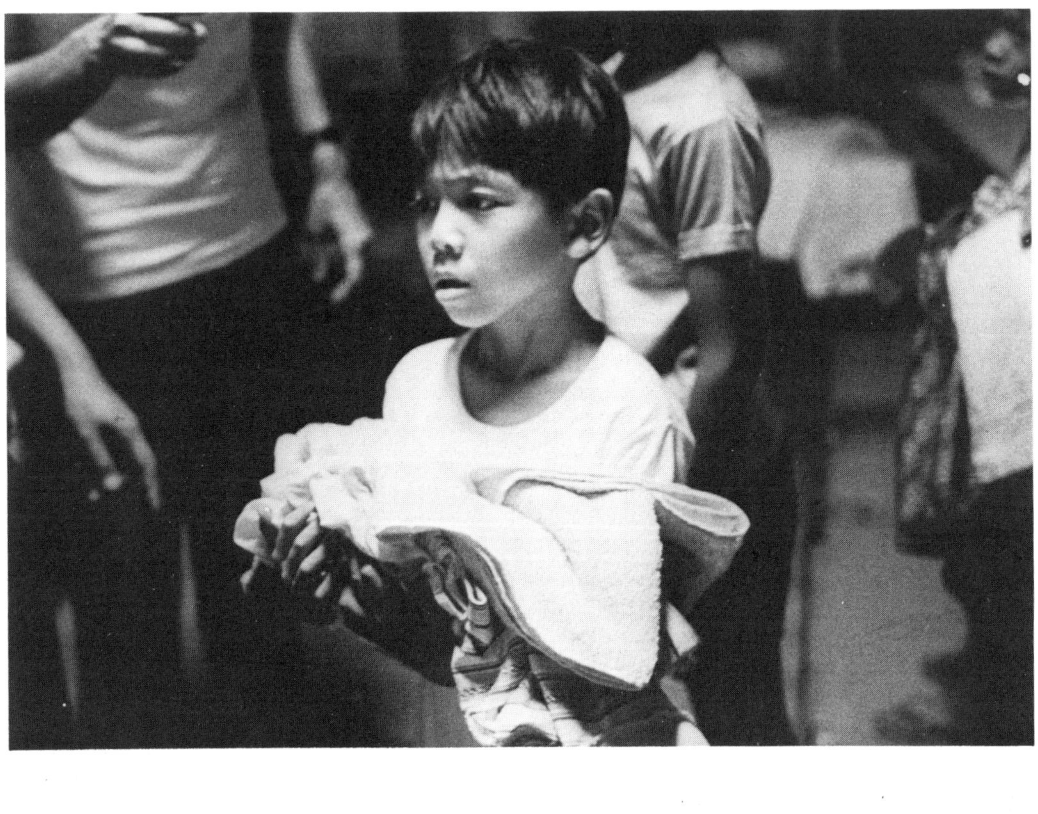

Sobald die Flüchtlinge sich einigermaßen erholt haben, gibt es Kleidung und Sandalen, Decken, Handtücher, Seife, Zahnpasta, Waschlappen und Waschpulver.

Die Küche versorgen die Flüchtlinge selbst. Der Reis wird mit der vertrauten Mak-Mum Sauce gegessen. Dazu gibt es Fleisch und Fisch aus Dosen. In den ersten Tagen nach der Rettung kommt aber auch das Heimweh nach Zuhause auf. Den Flüchtlingen wird bewußt, daß sie nun endgültig ihrer Heimat den Rükken gekehrt haben.

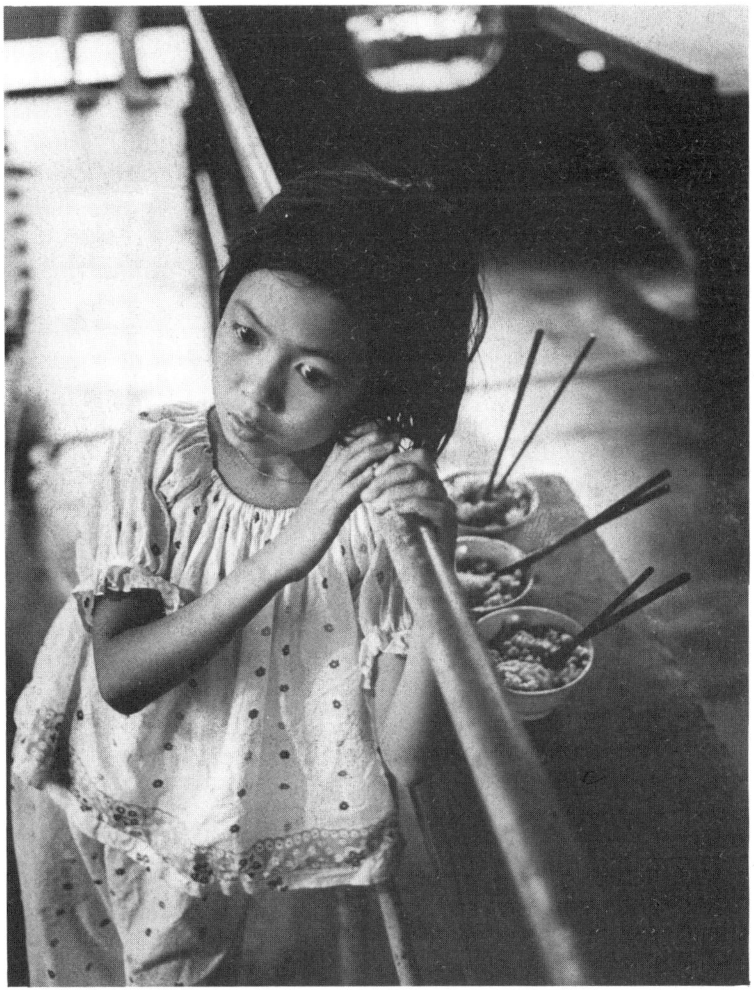

Tage und Wochen wartet oft das Schiff in Singapur, bis die deutschen Bundesländer Aufnahmeplätze für die Refugees bereitstellen. Ärzte und Schwestern werden dann zu Spielmeistern, zu Entertainern.

Dann endlich, nach Tagen der Unsicherheit und des Nachfragens ist der entscheidende Moment da. „The good news", „die gute Nachricht" wird vom leitenden Arzt per Megaphon an alle an Deck Versammelten mitgeteilt. Entweder werden die Flüchtlinge direkt zum Flughafen Singapur gebracht, um von dort in die Bundesrepublik geflogen zu werden, oder sie kommen für einen dreimonatigen Zwischenaufenthalt in ein Transitlager: nach Singapur, oder Galang (Indonesien), oder Bataan (Philippinen).

Vor lauter Freude über das Ende der quälend langen Wartezeit wirft ein Vater seinen kleinen Sohn in die Luft.

Die Flüchtlinge verlassen die „Cap Anamur", wie sie gekommen sind: mit Booten.

Ratlos, oft verzweifelt, versuchen die Flüchtlinge die peinlichen und peinigenden Fragen der UN-Behörden in Singapur zu beantworten. Die Statistikinteressen des UNHCR arten oft in ein Verhör aus.

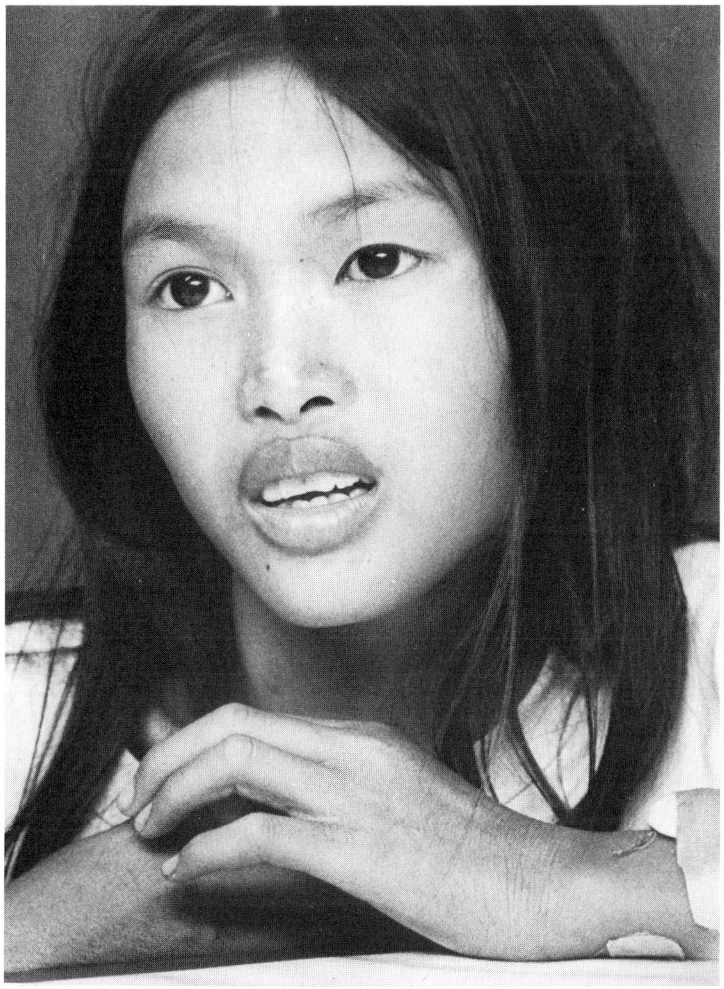
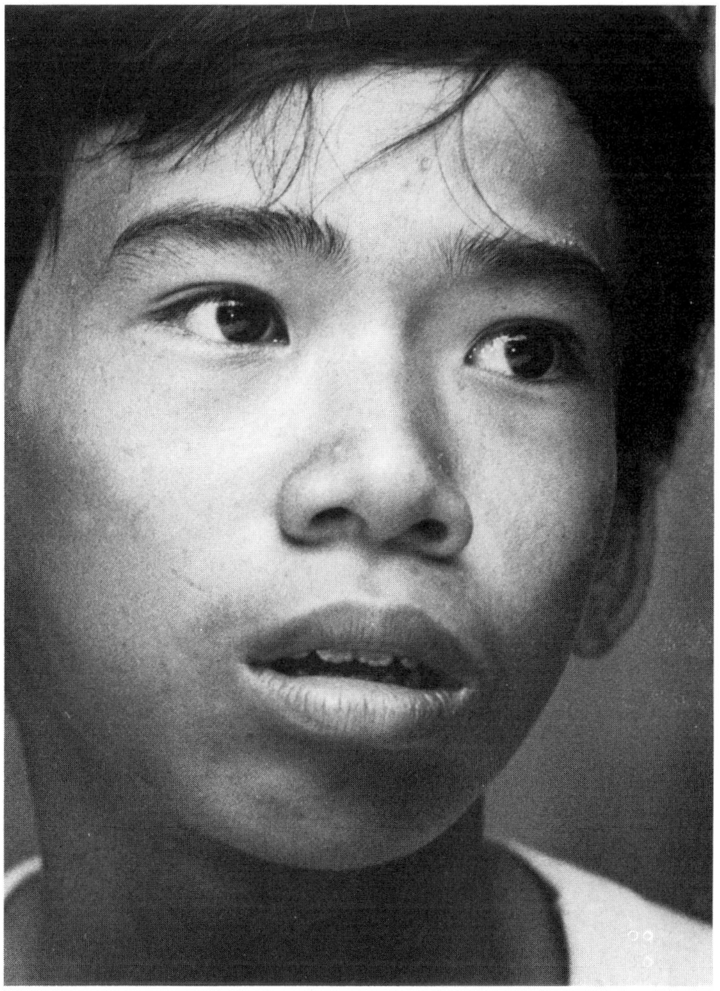
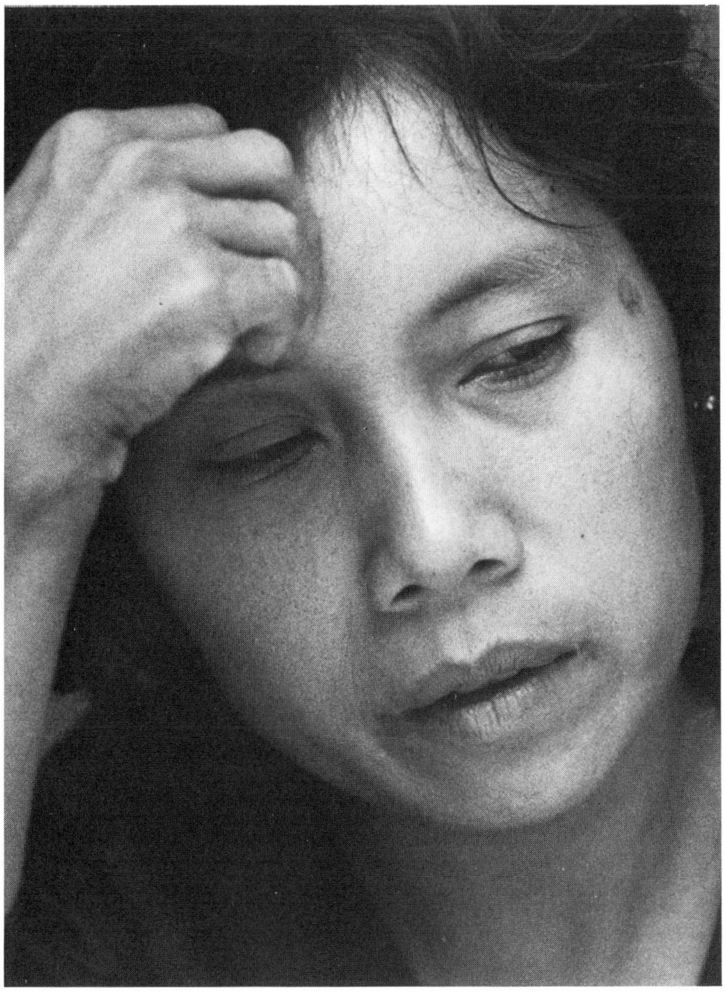

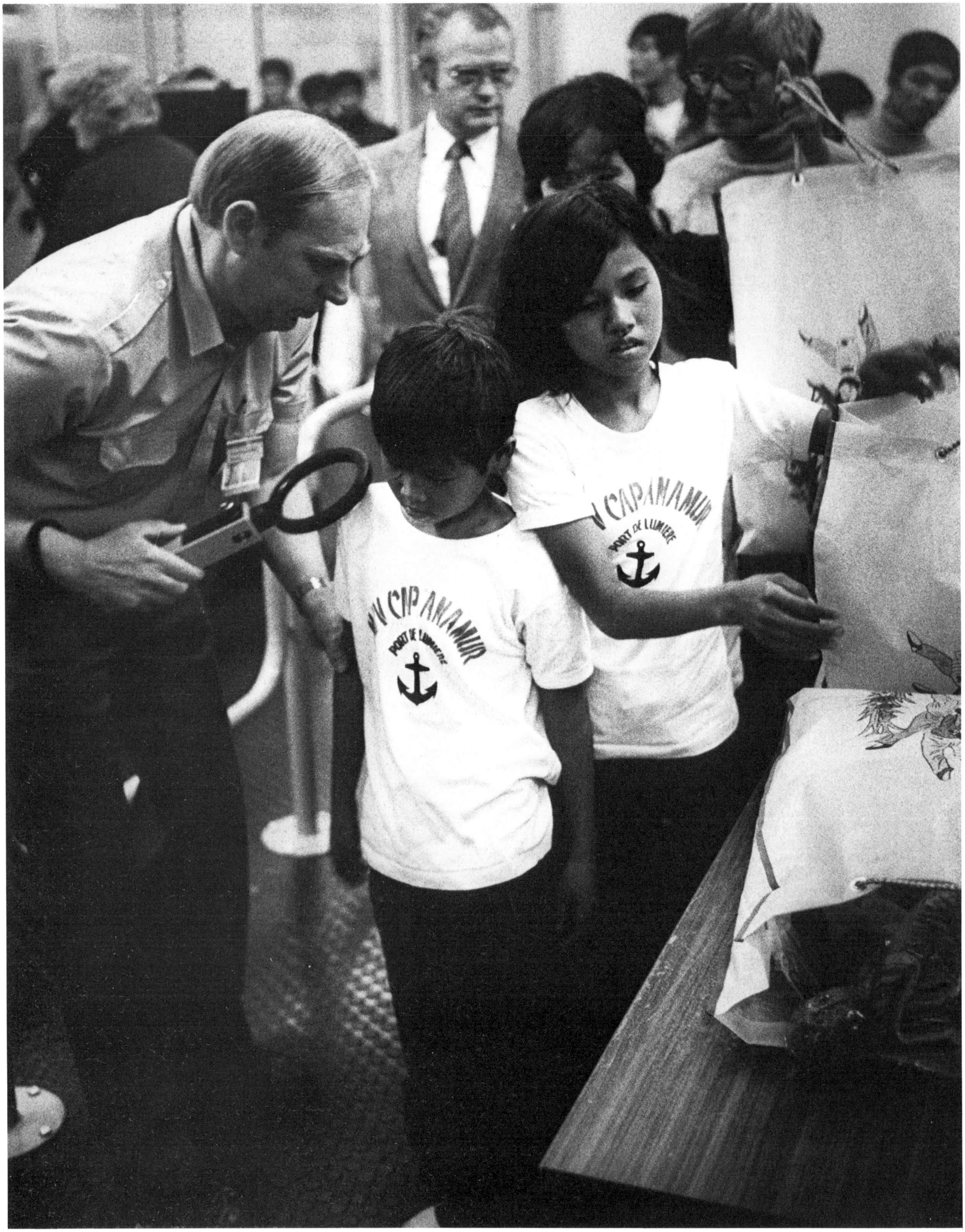
CAP ANAMUR
PORT DE LUMIERE
CAPANAMUR
PORT DE LUMIERE

Ankunft in Frankfurt

Abschluß der ersten, Beginn der zweiten Überlebensphase.

Der Kapitän der „Cap Anamur", Werner Urban, kommt zum Urlaub in die Bundesrepublik, stellt sich gemeinsam mit den Flüchtlingen auf dem Rhein-Main-Flughafen den Kameras des Fernsehens und der Presse. Danach geht für 100 der insgesamt 145 direkt von Bord des Rettungsschiffes nach Deutschland Geflogenen der Flug weiter nach Düsseldorf, für 8 geht es nach Berlin, für 17 nach Rheinland-Pfalz, für 14 nach Hamburg, für 4 nach Saarbrücken, für 2 nach Bremen.

„Die Güter mit eigenen Händen verteilen“

Ärzte für Kambodscha: die Lager Non Samet und Non Mak Moon

Während sich das Schiff in den Monaten September, Oktober und November 79 bei seiner Arbeit in den indonesischen Gewässern bewährt und die Ärzte und Schwestern des Komitees dazu beitrugen, durch unermüdlichen Einsatz den Gesundheitszustand der Vietnam-Flüchtlinge in den Lagern auf den indonesischen Anambas-Inseln zu verbessern, wurde einiges bekannt über die entsetzlichen Lebens- besser Sterbensbedingungen der Kambodscha-Flüchtlinge in der Grenzregion nach Thailand hin. Die Situation in den Lagern Indonesiens begann sich ab Ende Oktober zu konsolidieren, die unmittelbare Notfallarbeit, die unbedingte „emergency“-Situation schien vorbei.

Hoffnungslos war im Sommer 1979 die Lage von zehn- dann hunderttausenden Kambodscha-Flüchtlingen, die vor dem drohenden Tod vor Verhungern, Verdursten und der immer noch drohenden Ermordung durch die marodierenden Pol-Pot-Banden davonliefen und keinen anderen Ausweg wußten, als auf die thailändische Grenze zu und sogar über diese hinweg zu wandern, wobei diese Flüchtlinge oft ihre allerletzten Kräfte dabei verbrauchten. Wieviele auf diesen Wanderungen nicht mehr durchkamen, weiß niemand. Im August wurden in einer brutalen Aktion etwa 40.000 Khmer-Flüchtlinge von der thailändischen Armee einfach wieder in die Zone des Todes und des Schreckens zurückgetrieben. Diese total erschöpften und erschreckten Menschen wurden mit Gewehrkolben und Schreckschüssen über die wenigen Grenzpfade in die Wälder hinter der Grenze getrieben, wo sie entweder der Tod durch Verhungern oder die „Soldaten der Apokalypse“ (Peter Scholl-Latour über die Pol-Pot-Guerillas) erwarteten. Da sich sehr viele Ärzte und Schwestern bei uns für einen unentgeltlichen Einsatz gemeldet hatten, wir alle gar nicht auf dem Schiff unterbringen konnten, dachten wir schon im September an einen Einsatz in Thailand zugunsten der Khmers. Anfang Oktober flogen Jochen Nuhn und Rupert Neudeck nach Bangkok, um eine Arbeitsgenehmigung für Ärzte-Teams in der Grenzregion zu erstreiten. Wir kamen in Kontakt zu den thailändischen Behörden. Die thailändische Armee ließ uns mitteilen, sie sei sehr wohl an der Arbeit einer kleinen wirksamen Gruppe in der Grenzregion interessiert, die Deutsche Botschaft in Bangkok schrieb sofort eine Note an die „kompetenten Behörden“, um diese Arbeitsgenehmigung auch schriftlich zu haben. Zusätzlich trafen wir auf eine andere deutsche Gruppe, die „Soforthilfe e. V.“, die sich ebenfalls in Thailand engagieren wollte, aber nicht über Ärzte noch medizinisches know-how verfügte. Daß es zu einem so schnellen Einsatz in der Grenzregion kam, verdankten alle Beteiligten einer bis zur täglichen Erschöpfung arbeitenden thailändischen Frau in Bangkok, Riam Chai-Khantaruchi, angestellt bei einer deutschen Firma und Tochter eines thailändischen Armee-Generals.

Am 16. November 79 wurde dann zum ersten Mal in einer primitiven Zeltstation in dem Lager Non Samet unmittelbar an der thailändisch-kambodschanischen Grenze gearbeitet.

Die Armee der Thais hatte folgende Bedingungen für den Einsatz gestellt: Die Ärzte mußten für die Nacht aus dem Lager heraus, bei Sonnenuntergang mußten sie die Militärposten bereits passiert haben. Morgens durfte man ab 9 Uhr ins Lager. Gewohnt wurde in dem Grenzort Aranyaprathet, der durch die Gunst der Flüchtlingskatastrophe seine große historische Stunde hatte: Der Ort platzte aus allen Nähten, entwickelte sich zu einem Marketender-Schwerpunkt des gesamten Flüchtlingsareals im Osten Thailands. Da die Not dieser Flüchtlinge, vor allem von hunderten total ausgedörrter, ausgetrockneter, radikal unterernährter Kinder so schreiend und brutal war, erhöhte das Komitee die Zahl der vor Ort im Einsatz stehenden Ärzte und Schwestern auf maximal 30 (in der Weihnachtszeit 1979). Nach etwa drei Wochen begannen Ärzte und Schwestern des Komitees ihre Arbeit in einem weiteren Flüchtlingslager an der Grenze, in Non Mak Moon, ein Lager, das wie Non Samet in der Hand der konservativen Khmer-Serei war und dessen Bewohnerzahl etwa 200.000 betragen sollte (wahrscheinlich aber geringer war, weil die Lagerführung eine erhöhte Bewohnerzahl angab, um mehr Nahrungsmittel zu bekommen).

Zwischendurch hatte es einen Konflikt mit dem Roten Kreuz gegeben, das es nicht dulden wollte, daß diese kleine Gruppe ohne die Obergenehmigung durch das IKRK (Internationale Rote Kreuz) in diesen Grenzlagern tätig wurde. Andererseits wollte sich zumal das Deutsche Rote Kreuz erst dann in diesen beiden Lagern engagieren, wenn der territorialrechtliche Status der beiden Lager geklärt, d. h. nachdem die Zuordnung der Camps zu thailändischem oder kambodschanischem Territorium geklärt war. Dieser Kontrast zwischen der spontanen und der etablierten Gruppe war typisch: Die Ärzte hatten in dem Lager Non Samet begonnen zu arbeiten, weil die schreiende Not keinen Aufschub duldete; sie hatten nicht danach gefragt, ob das Lager zu Thailand oder Kambodscha gehörte, sie sahen Menschen, die starben und denen man helfen mußte. In Wirklichkeit war über diese Frage der Territorialzugehörigkeit nichts Genaues auszumachen. Die thailändischen Behörden folgten in der Zeit vom Sommer '79 bis Frühjahr '80 verschiedenen Sprachregelungen, was damit zusammenhängt, daß es in dieser Region keine fest definierte und befestigte Grenze in mitteleuropäischem Sinne gibt.

Auf jeden Fall – auch für das Rote Kreuz war dann auf einmal nichts erfolgreicher als der Erfolg: Als sichtbar wurde, wie wirksam diese kleinen Gruppen dort arbeiten, begann das IKRK seinen Einsatz in den Lagern mit massivem Equipment, dem Aufbau von großflächigen Opädien mit dem schrecklich unvermeidlichen Stacheldraht ringsherum . . . ohne daß der territorialrechtliche Status der Camps geklärt war.

Überraschend war für die deutschen Ärzte und Schwestern immer wieder (das gleiche Erstaunen gab es später in den somalischen Lagern), wie schnell den Flüchtlingen mit unserer Medizin geholfen werden konnte.

„Erstaunlich, in welch kurzer Zeit und niedriger Dosierung unsere Antibiotika wirkten, wie schnell und sicher ausgetrocknete Patienten durch Infusionen mit Glukose und Elektrolyten wieder auf die Beine gebracht wurden. Viele einzelne Patienten sind uns in Erinnerung geblieben. Noch am vorletzten Tag wurde uns ein 20-jähriger Mann ins Hospital getragen, der seit drei Tagen heftigen Durchfall hatte und ca. einen halben Tag wegen großer Schwäche im Feld gelegen hatte. Bei uns konnte er weder Arme noch Beine bewegen, zeigte eine große Mattigkeit und hatte schwere Herzrhythmusstörungen. Unsere Vermutung, daß alle diese Symptome auf eine durchfallbedingte Kaliumverarmung zurückzuführen seien, wurde eindrucksvoll bestätigt, als durch Infusion von Flüssigkeit, Glukose und besonders Kalium eine regelmäßige Herzfrequenz erreicht wurde und der junge Mann zu Fuß unser Hospital wieder verlassen konnte."

Zu betonen ist an dieser Stelle, daß die Schwestern in jedem der drei Projekte einen gleich wichtigen Part bei der medizinischen Arbeit spielen wie die Ärzte. Oft sind sie sogar geeigneter für solche Projekte, weil sie den Blick für die Notwendigkeiten in einer Notsituation bewahrt haben, nie oder selten in eine Fachspezialisierung zurückfallen, meist besser als Ärzte in der Lage sind, mit dem Equipment und den Medikamenten auszukommen, die vor Ort vorhanden sind. Die Schwestern ersetzen aufgrund ihrer hohen medizinischen Erfahrung und Bildung nicht selten einen Arzt vor Ort.

Die politische Situation war permanent bedenklich in dieser Region. Die Lager wurden von Khmer-Serei administriert, die über gegenseitig rivalisierende Privatarmeen verfügten. Blutjunge Soldaten, 13jährige Mädchen, 12jährige Jungen standen martialisch Wache vor dem Zelt des Lagerkommandanten, alles zugleich gefährlich und immer auch komisch. Es gab immer Unsicherheiten und Irritationen über die militärischen Bewegungen hinter der Grenze. Selten konnte man bei den Khmer-Serei zwischen Wahrheit und Propaganda unterscheiden. Unser Einsatz fiel in eine Phase, in der die Khmer-Rouge lebhaft an einer Kooperation mit den anderen Widerstandsgruppen, auch mit den Khmer-Serei wie der Gruppe um den ehemaligen Ministerpräsidenten Son Sann interessiert waren. Die Pol-Pot-Kräfte verstanden dabei die Rivalitäten zwischen den Führern der einzelnen Lager – Svan Sareen in Mak Moon und In Sakahn in Non Samet – gut auszunutzen. Tatsache ist, daß Ende November/Anfang Dezember in Non Samet Khmer-Rouge auftauchten. Man munkelte davon, daß es zu einer Achse zwischen In Sakahn und den Khmer Rouge kommen könnte.

Es gab insgesamt so etwas wie einen Erfolg bei dieser Arbeit, wobei man sonst dieses Wort im Zusammenhang mit humanitärer Arbeit meiden sollte: Was heißt schon ‚Erfolg', wenn man diese Menschen nur kurzfristig versorgen, dann aber wieder ihrem ungewissen Schicksal überlassen muß? Es gab über die Grenzregion – eindeutiger als bei den umfänglichen Hilfsflügen nach Phnom Penh, die immer umstritten waren und bleiben, weil die Hilfsorganisationen letztlich die Distribution nicht überwachen konnten – die einzig wirksame Versorgung des Khmer-Volkes mit Nahrungsmitteln. Sie lief über die geheimen Trampelpfade, über die täglich und nächtlich hunderte von Menschen aus Battambang und Reang, aus vielen anliegenden Orten und Provinzen West-Kambodschas auf Ochsenkarren, auf Fahrrädern und einfach zu Fuß in die Lager kamen, um sich ihre Portionen an Reis, Zucker, Milchpulver etc. abzuholen, wobei natürlich auch in dieser Region der Handel blühte, die Flüchtlinge sich diese Portionen auch gegenseitig abkauften. Über diesen notdürftigen Reispfad ins Innere Kambodschas ist sicher eine knappe Million Khmers über die Lager hinaus mitversorgt worden. Das Verdienst, dies ermöglicht zu haben, kommt uneingeschränkt den großen Hilfsorganisationen, vor allem dem Internationalen Roten Kreuz und dem UN-Flüchtlingskommissariat zu, die nach großen anfänglichen Verzögerungen eine umfassende logistische Versorgung des Grenzbereichs organisierten.

Der Widerhaken, der unauflösbare Widerspruch, der jeder ‚bloß' humanitären Aktion zugrundeliegt, hat alle, die an den Hilfsaktionen für die Khmers an der Grenze teilnahmen, ganz besonders betroffen und geschmerzt – und dieser Schmerz hat bis heute nicht nachgelassen: Die Kluft, die zwischen der humanitären Aktivität in einem bestimmten notwendig kurzen Augenblick und der politischen Sackgasse liegt, in der das sterbende und langsam von der Weltbühne verschwindende Khmer-Volk hineinmanövriert worden ist. Die politische Konstellation, brutale Großmachtinteressen, aus dem Westen importierte mörderische Ideologien haben sich auf dem Rücken dieses Volkes in den letzten 20 Jahren ausgetobt, ein Viertel der Khmer ist ganz sicher dabei umgekommen. Für die nächste Zukunft prognostizieren die Experten ein weiteres Sterben, da die Reisernte in Kambodscha nicht ausreichend für die Ernährung der Bevölkerung ausgefallen ist. Es könnte alles noch geschehen zur besseren Versorgung der Menschen in Kambodscha, es könnten Opädien und Ambulatorien aufgebaut und eingerichtet werden, wir könnten Ärzte und Schwestern dorthin schicken, Pfleger, wenn es sein muß auch Agronomen und Brunnenfachleute. Das Komitee, das am 12. März die Arbeit in den Grenzlagern allein der Partnerorganisation „Soforthilfe e.V." überlassen hat, hat im April 1980 bei der Regierung in Phnom Penh einen Antrag gestellt und die Einrichtung von zwei medizinischen Versorgungsprojekten angeboten. Der Schmerz über das langsame Sterben der Khmers, der Schrei des Protests über dieses Leiden und Elend, die beendbar wären, wenn man nur eine Erlaubnis dazu geben würde, werden immer dringlicher werden. Die „Frankfurter Rundschau" berichtete im August 1980: „Kambodscha ist wieder von einer Hungersnot bedroht, wenn nicht 68.000 Tonnen Reissaaten rechtzeitig eintreffen sollten."

Der Schrei für jenes kleine, tapfere, geschlagene Volk kann auch glaubwürdiger dadurch werden, indem wir uns hier in der Bundesrepublik um die hunderte (oder jetzt schon tausende) von Kambodschanern kümmern, ihre Sorgen teilen, ihnen behilflich zu sein versuchen. Weiter lebt dieses Volk in der Unsicherheit um seine Zukunft, weiter ist für dieses kleine Volk eine politische Zukunft nicht in Sicht, weiter wird auf dem Kopf dieses Volkes gepokert: zwischen Großmacht-, Ideologie- und Blockinteressen ist das Volk der Khmer immer weiter eine ‚vernachlässigbare Größe'.

Das maßlose, erschütternde Leid eines ganzen Volkes wird in diesem kleinen Jungen sichtbar, der eines Tages in der Ambulanz der Komitee-Ärzte im Lager Non Mak Moon ankam: er war alleine ohne Unterbrechung vierzig Kilometer zu Fuß gegangen, hatte sich die Füße durchgescheuert und schlief vor Erschöpfung tagelang. Er ist einer der zahllosen kambodschanischen Waisen, von denen die Grenzlager tausende vorzuweisen hatten.

Ausgemergelte Gestalten formieren sich zu Geisterscharen, die stumm, nur das Geklapper der Sandalen ist zu hören, durch den Dschungel ziehen. Sie tragen die letzte Habe mit sich, brauchen die letzte Kraft ihres Organismus auf in der Hoffnung auf etwas Wasser, etwas Nahrung, ein Lager, in dem sie sich niederlassen können.

Eine unübersehbare Menge von Menschen, in den fünf Jahren von 1975 an wurde das Volk der Khmer hin- und hergeschoben auf der Landkarte. Aus Furcht vor den Mordbanden des Pol-Pot-Regimes waren sie hierhergekommen, aber auch aus der Sorge um den täglichen Reis und Tee, den sie im total zerstörten Landesinneren nicht mehr bekamen.

Erinnerung an so viele Morde

Terrain unmittelbar vor dem Lager sieht wie eine Menschenwüste aus, die Primitivität der Lebensbedingungen ist kaum vorstellbar. Dennoch überrascht es die Ärzte und Schwestern, mit welcher Selbstverständlichkeit diese Menschen sich in diesem Rahmen zurechtfinden, neue Aktivitäten entwickeln, Handel treiben, immer wieder neue Quellen der Versorgung auf-

In einem Grenzlager gab es Dhong, den Bauern, dem marodierende Rote Khmer erst den Schädel einschlugen und dann die Kehle durchschnitten. Wie durch ein Wunder überlebte Dhong die Tortur. Ein Freund schleppte ihn an die Grenze und brachte ihn in Sicherheit. Die körperlichen Wunden bei Dhong sind inzwischen verheilt. Nur noch eine breite, wulstige Narbe von einem Ohr zum anderen zeugt äußerlich von seinen überstandenen Qualen. Als er auf ein Zeichen des Arztes hin den Kopf hebt, fängt der junge Bauer an zu lachen, grell, hysterisch. Mit diesem Lachen wehrt er sich gegen seine Erinnerungen. Bei dem Überfall wurden Dhongs Frau und seine vier Kinder ermordet.

In Non Mak Moon sind nach Auskunft der Lagerleitung insgesamt 250.000 Khmer-Flüchtlinge konzentriert. Im Dezember wurde das Lager auf Anweisung des Thai-Militärs um drei Kilometer nach Osten verlegt – das

schließen. Das Leben pulsiert in diesem Lager, es ist kein Totenhaus, – diese Mischung von Genocid, verübt an diesem Volk und verfolgbar bis in jeden Clan und jede Familie, und unbeugsamen Lebenswillen macht den menschlichen Charme dieses Volkes aus, den keiner vergessen wird, der je in diesen Grenzlagern der Khmer-Flüchtlinge gearbeitet hat.

Über ein Lager wie Mak Moon lief ein großer Teil von wirksamer Nahrungsversorgung auch in das Innere Kambodschas. Ohne Frage haben sich die Cliquen der Khmer-Serei an diesem Handel bereichert. Dennoch: allein über diese Lager lief eine effektive Versorgung des Landesinneren.

Neben einem jauchigen Tümpel graben Kinder Löcher in den Schlamm. Das verseuchte Wasser daneben sickert, notdürftig durch den Erdboden gefiltert, in die Gruben nach, wird in Flaschen gefüllt und am Eingang des Lagers den neu ankommenden Flüchtlingen zum Verkauf angeboten.

„Richtiges" Wasser bringen die Tankwagen des Internationalen Roten Kreuz und UNHCR, Stunden stehen die Flüchtlinge an, um ihre Eimer gefüllt zu bekommen.

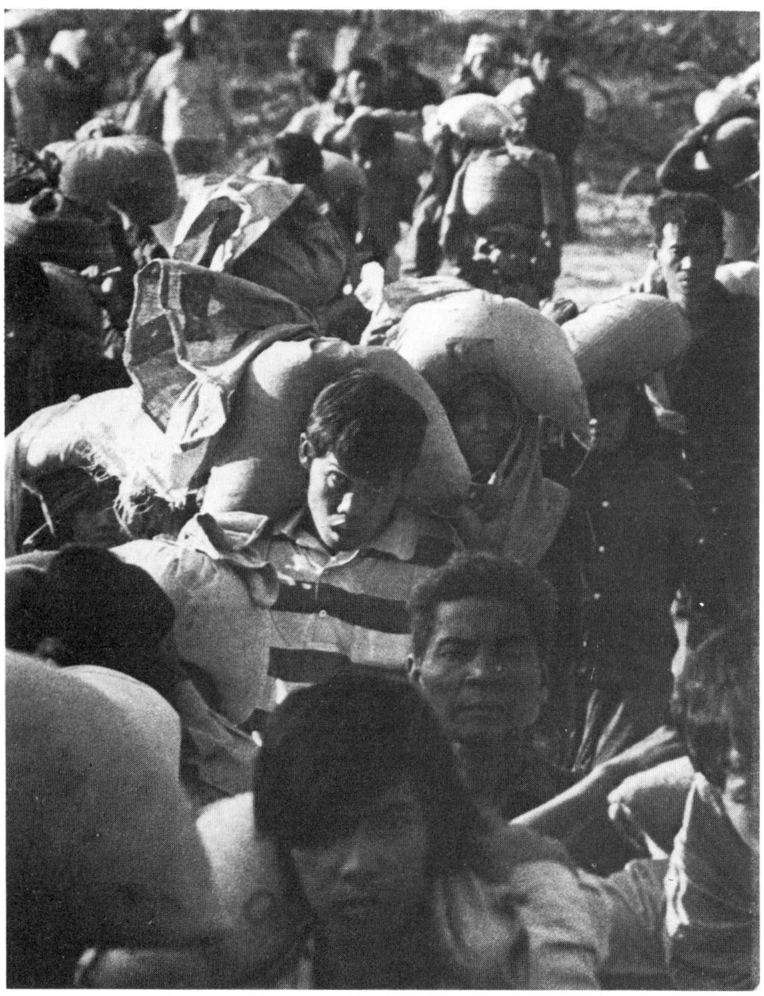

Wenn die LKW's der großen Organisationen Reis und Trockenfisch an den Rändern der Lager abluden, kamen sie zu Tausenden: die hungernden Khmer, mit Ochsenkarren, Fahrrädern und zu Fuß. Ein Teil der Nahrung blieb im Lager, aber unabsehbar waren Transportkolonnen, die über verschlungene Buschpfade nach Kambodscha zogen.

Andere hatten Kontakt zu Thai-Händlern auf den mannigfachen Schmuggelpfaden, die von der Grenzstadt Aranyaprathet in die Lager führen und bieten Apfelsinen und Fleisch-Konserven an.

Die Überlebensdosis für eine Flüchtlingsfamilie: zehn getrocknete Fischlein, samt den beiden kostbaren Löffeln.

Bewachtes Niemandsland

An dieser Grenze zwischen Thailand und Kambodscha ist nichts klar und geklärt. Selbst ein völkerrechtlicher Gutachter könnte hier nur die totale Verworrenheit der Zustände notieren. Die Lager stehen unter der Gewalt der Thai-Armee, die sie verschieben oder so belassen kann. Jedenfalls weiß niemand über die genaue Markierung der Grenzen Bescheid. Sie wird je nach politischer Opportunität immer neu definiert: einmal sind

es Lager auf kambodschanischen Gebiet, dann Lager auf thailändischen Gebiet, dann wieder sind es Lager im Niemandsland – das es de facto natürlich nicht geben kann. Die thailändischen Militärs lassen bewußt vieles in diesem Grenzgebiet geschehen: So sollen alle Widerstandsgruppen gegen die Vietnamesen über die Grenze Unterstützung erhalten – der Feind, vor dem sich Thailand fürchtet, ist Vietnam. Die Khmer Serei, die die beiden Grenzlager beherrschen, sind Puppen in der Hand der thailändischen Behörden, historisch auch deren Erfindungen.

Ein total zerstörtes Volk

In den Lagern herrschen politische Figuren, deren Größenwahn nur von ihrer Lächerlichkeit übertroffen wird. In Non Mak Moon gibt sich André Octal als Prinz und Abkömmling der Königsfamilie, als Sproß Sihanouks aus (r. unten). Alle Pariser Kambodschaner im Exil aber kennen ihn und berichten, daß er mal in einer Heilanstalt saß und sein Studium abgebrochen hat. Ständig ist er auf der Suche nach reaktionären bis

faschistischen Verbündeten. Wie stark in Deutschland die NPD sei, fragt er. Und ob man nicht dieser Partei eine Botschaft überbringen könne. Von Solidarität im Kampf gegen die Peiniger und Unterdrücker kann keine Rede sein: die Polit-Figuren von Non Mak Moon und Non Samet bekämpfen sich heftig, sind bereit gegeneinander die Waffen zu erheben.

Die Soldaten der Apokalypse

Während den Jahren des Pol-Pot-Regimes in Kambodscha wurde hemmungslos eine „mörderische Utopie" in die Praxis umgesetzt, die mindestens einem Viertel des Khmer-Volkes das Leben kostete. Auf zwei Millionen werden die von der Pol-Pot-Bande befohlenen und ausgeführten Morde an nicht gefügigen Kambodschanern geschätzt. Pol Pot und seine Khmer-Rouge-Genossen wollten einen total egalitären Kommunismus durchsetzen: es sollte in der zukünftigen kambodschanischen Gesellschaft niemand mehr durch eine erworbene Eigenschaft oder erworbenen Besitz sich vor den anderen auszeichnen. Um diese Gleichmacherei auf breiter Ebene durchzuführen, wollte das Regime das Volk in seiner zivilisatorischen und kulturellen Entwicklung auf den Zustand der reinen Agrarwirtschaft ohne modernes Equipment reduzieren. Potentiell verdächtig war jeder, der sich durch eine Schul- oder Universitätsbildung auszeichnete. Da diese Ideologie, zumal in ihrer praktizierten Phase zu wahnwitzigen Verfolgungssyndromen führen mußte, der Verdacht gegen jeden Bürger sich einnisten mußte, weil jeder Mensch etwas ihn Auszeichnendes besitzt – wurden selbst Brillenträger als vermeintliche Intelligenzia verdächtig. Systematisch wurde das Volk in dieser Zeit des „Steinzeitkommunismus" in all seinen Äußerungs- und Lebensformen auf die äußerste Dürftigkeit zurückgeschraubt, die gebildete Schicht fast ganz ausgerottet.

In den Herbstmonaten tauchten Pol-Pot-Soldaten, deren schwere Bewaffnung und strenge Disziplin auffielen, im Lager Non Samet auf. Getreu der Bündnis-Strategie der Roten Khmer suchten sie eine Verbündung zu den Khmer-Serei, um eine gemeinsame Front gegen den vietnamesischen Agressor zu bilden. In Sakahn, der Führer des Lagers, schien ein solches Bündnis zu befürworten. Am 4. Januar platzte dieses mögliche Bündnis, es kam zum Streit, der Konflikt explodierte, nach zwei Stunden war das Lager Non Samet zerstört, die Bewohner vertrieben, Tote und Verwundete zu beklagen. Die Ärzte und Schwestern des Komitees kamen während der Schießerei in einem Bunker davon.

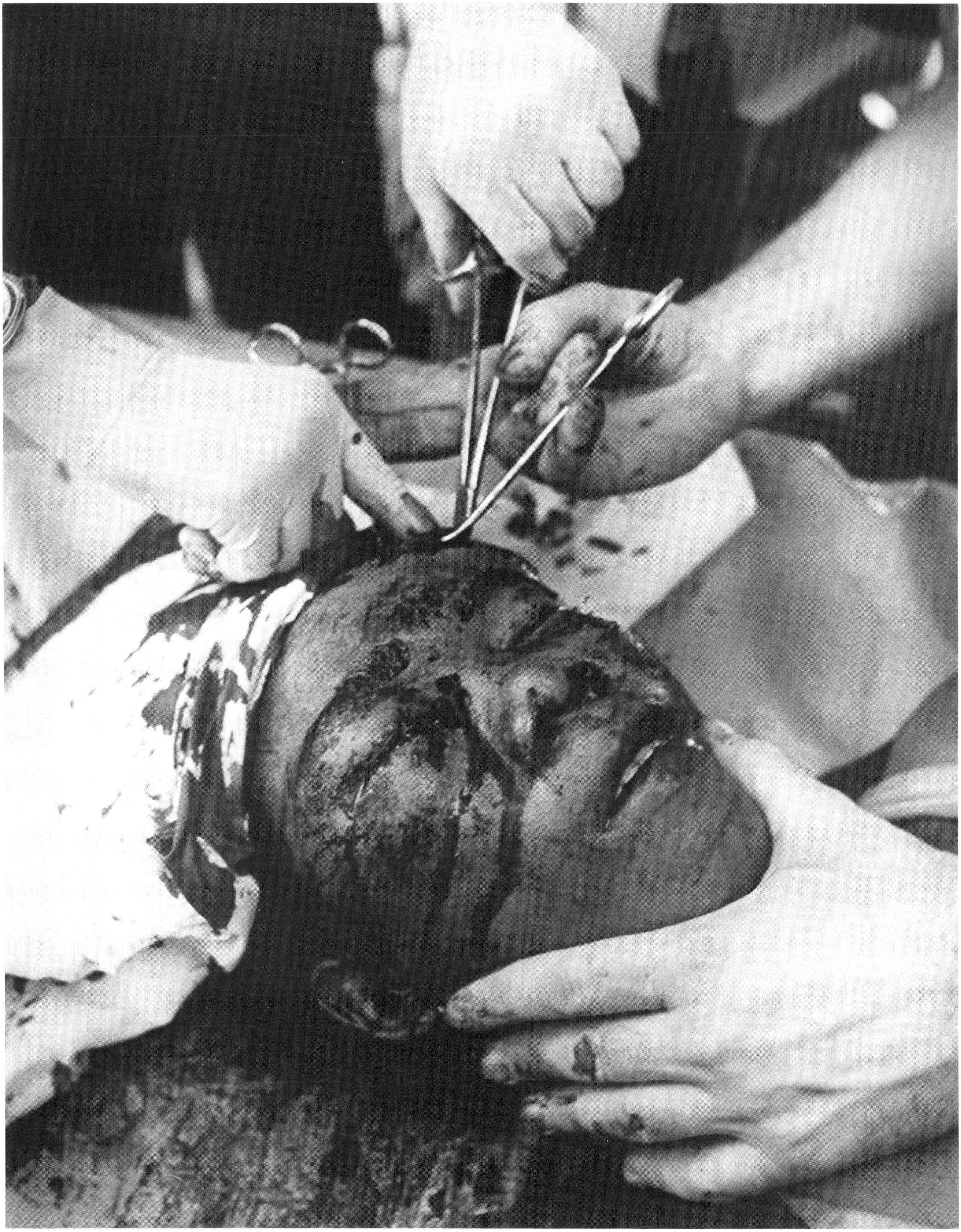

Im Hintergrund: Der Krieg . . .

Die Arbeit war jeden Tag aufs neue gefährdet. Aus heiterem Himmel heraus konnte plötzlich eine Schießerei beginnen, konnten die vietnamesischen Truppen ihre Artillerie auf die Lager einschießen, konnte sich eine Rivalität der Khmer-Serei-Armeen in Kämpfe entladen. Auch konnten die Thai-Truppen mal Veranlassung oder nur Lust verspüren, in die Lager oder auf die Zugangswege zu den Lagern ihre Waffen spielen zu lassen. Die Ärzte und Schwestern hatten immer wieder Schwerverletzte, von Schüssen Zerfetzte zu behandeln – und die „kleine Chirurgie", die sich der Berliner Arzt Peter Schittig in Non Samet in einem Zelt aufgebaut hatte, wurde ständig gebraucht. Jeden Morgen lagen vor dem Eingang des Zeltes die Opfer der nächtlichen Auseinandersetzungen – Schußverletzte und viele mit abgerissenen Gliedmaßen durch explodierende Minen.

14- und 15-jährige Mädchen standen täglich Ehrenwache vor einem gefallenen Khmer-Kämpfer.

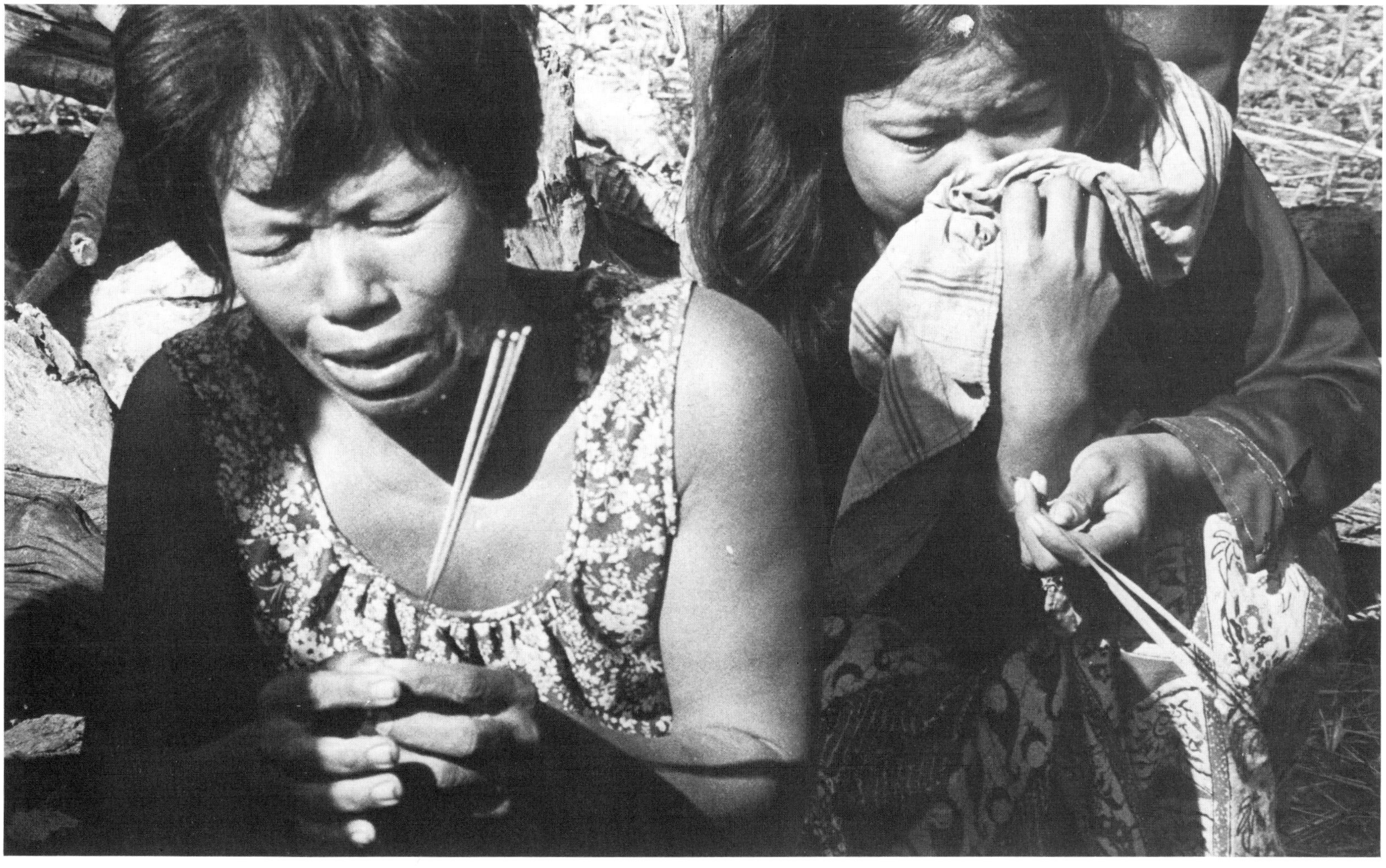

Ohnmächtiger Protest

Zwischendurch bäumten sich die Menschen noch einmal auf, formulierten ihre Wut, ihren Protest gegen eine Entwicklung, in der sie nur wie auf einem Schachbrett hin- und hergeschoben wurden: zwischen den Mordbanden des Pol-Pot – und den vietnamesischen Invasoren.

In Non Samet protestierten die Menschen in stummer Wut: „Stop war in Cambodia, Macht dem Krieg in Kambodscha ein Ende", hieß es auf den Transparenten und „Go down! The Invader Vietnamese – Nieder mit dem vietnamesischen Agressor"!

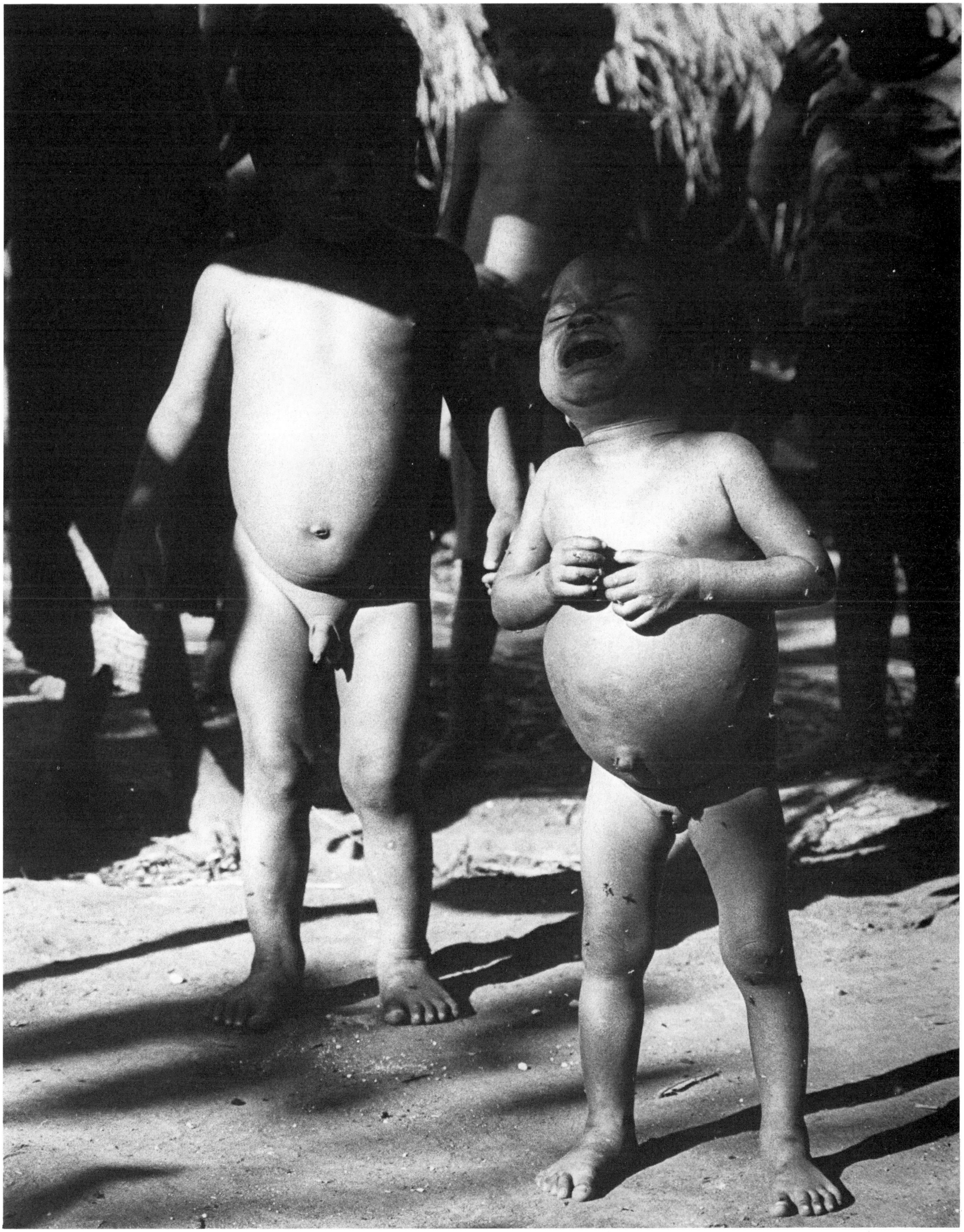

Die Humanität der Ambulanz

„Sagen wir ja zu der Möglichkeit direkter Hilfeleistung, zu internationalen Ärztebrigaden für die Unterdrückten, die Besetzten, die vor Hunger Sterbenden. Man akzeptiert doch auch das Diktat der Unterdrücker und Besatzer, versuchen wir nun das Recht der Opfer durchzusetzen“ – Bernard Kouchner, Arzt der französischen Organisation „Médecins du Monde“.

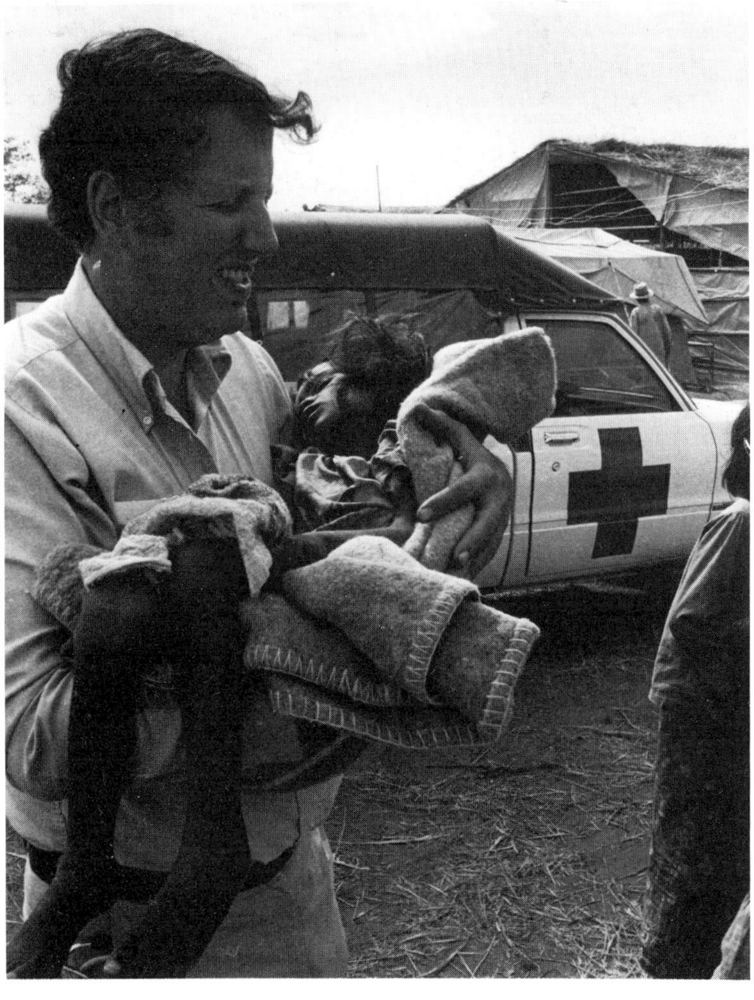

Am 16. November begannen die Ärzte des Komitees – unter dem Projekttitel: „Ärzte für Kambodscha“, in Gemeinschaft mit der Gruppe „Soforthilfe“ – ihre Aktivitäten in diesen Lagern. Das Zeichen des Roten Kreuzes sollte die Philosophie der Ambulanz, diese Vorstellung und Tat sofortiger Aktion verdeutlichen und stützen. Später wurde dem Komitee in der Bundesrepublik dieser „Mißbrauch“ der Flagge des Roten Kreuzes vom Generalsekretär dieser Organisation vorgeworfen. Wir hatten uns geirrt. Dieses weltweite, die ganze Menschheit schützende Symbol der Humanität sollte nach dieser Vorstellung nur als Vereinssignet des Deutschen oder des Internationalen Roten Kreuzes zu gelten haben. Auch das war in den Lagern und bei dieser Arbeit zu lernen: Auch in Situationen, wo es nur um Flüchtlinge, um Opfer, Hungernde und Durstende geht, wissen die Organisationen ihre Eitelkeit und ihren Ehrgeiz zu bewahren.

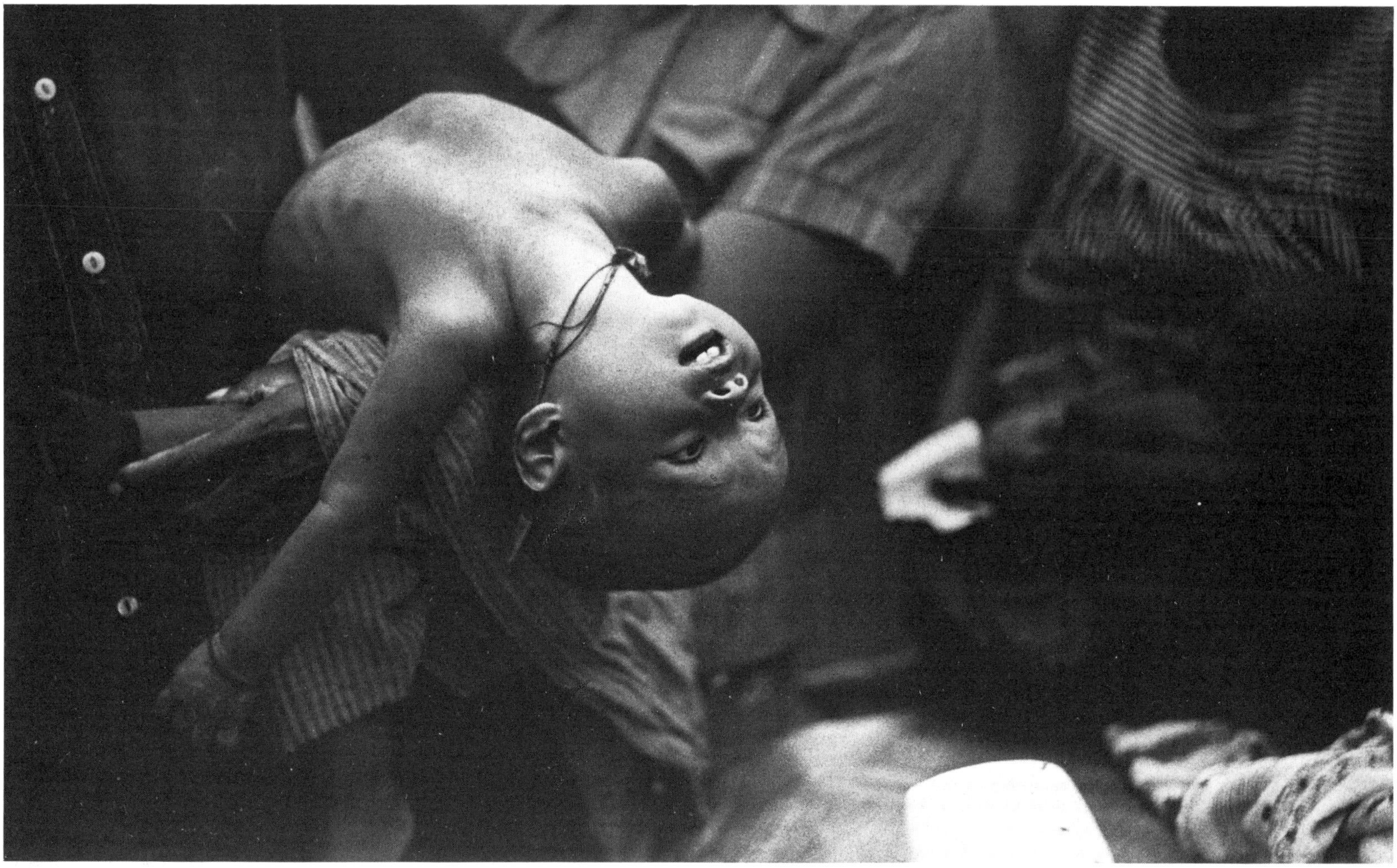

Hunger und Krankheit

„Vielleicht war es die relativ gute Versorgung mit Nahrungsmitteln, die den Flüchtlingen das Grenzlager nach ihrem langen Leidensweg fast als Paradies erscheinen und glücklich und zufrieden aussehen ließ. Trotzdem herrschten bei näherem Hinsehen Hunger und Krankheit vor. Da gab es besonders bei den Säuglingen und Kleinkindern und bei vielen neu angekommenen Flüchtlingen alle Grade der Unterernährung. Dazu sah man die Avitaminosen, z. B. Vitamin-A-Mangel mit Nachtblindheit und Hornhauttrübung sowie Beri-Beri. Dicke Bäuche mit Ascites sowie Gesichtsoedeme in Verbindung mit rötlichem spärlichem Haupthaar zeigten Kwashiorkor an, hervorgerufen durch Eiweismangel. Schwer mitgenommen waren auch viele Patienten durch Malaria und Enteritiden. Fast jeden Tag ließen sich auskultatorische Phänomene wie Amphorenrauschen und Kavernenjuchzen, Zeichen einer offenen kavernösen Tuberkulose hören. Dazu kamen Pneumonien. Fast 80% der Bevölkerung leiden unter Wurmbefall. Neben Bandwurm und Ascaris ist besonders der Hakenwurm weit verbreitet, der zu chronischen Blutungsanämien führt. Wir sahen viele Patienten mit fast schneeweisen Zungen und Bindehäuten. Objektiv wurden Schwindel, Schlaflosigkeit und Müdigkeit beklagt."

(Aus dem Tagebuch von Dr. Gerhard Möbius)

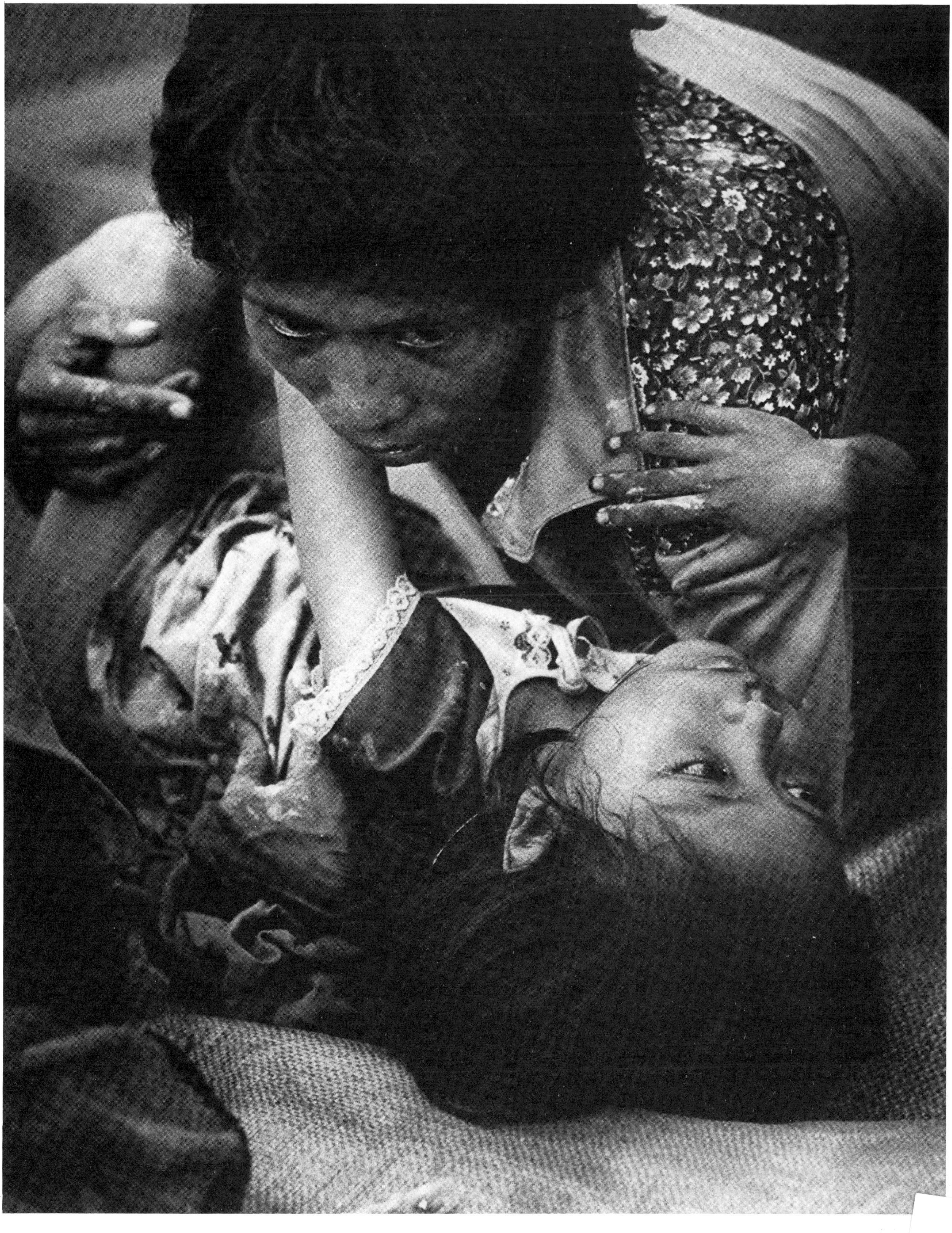

Was Menschen Menschen antun können:

DEUTSCHLANDFUNK
TAG UND NACHT
DLF

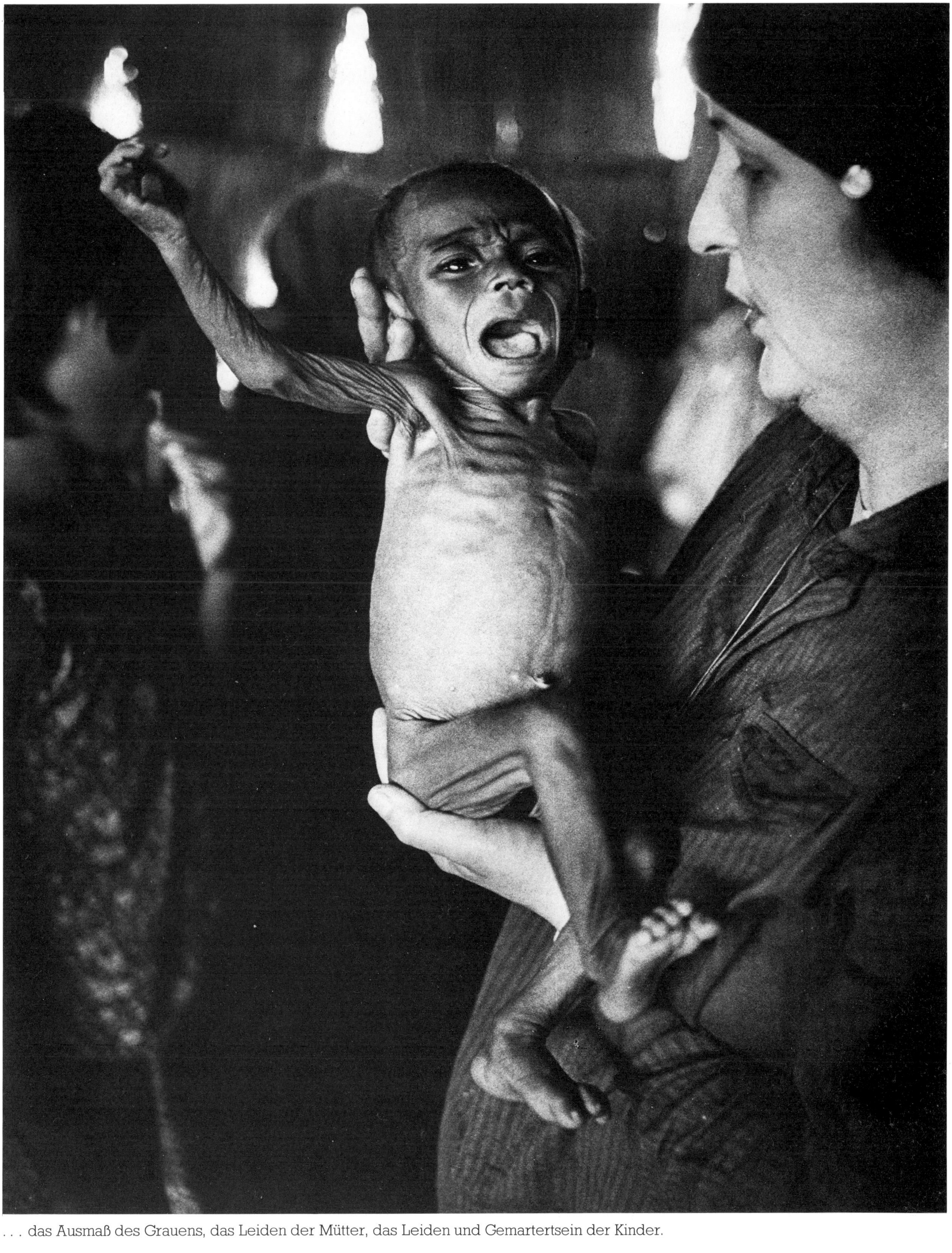

. . . das Ausmaß des Grauens, das Leiden der Mütter, das Leiden und Gemartertsein der Kinder.

Das Hospital jenseits des Flusses:

„Am 2. Tag an der Grenze begannen wir unsere Arbeit in einer größeren Grashütte. Wir mußten uns Dolmetscher suchen, was überraschend schnell gelang. Dann bauten wir unsere Tische auf. Auf Patienten brauchten wir nicht lange zu warten. Nach ca. 1 Woche standen wir mit unserem „Hospital" allein da auf weiter Flur. Das gesamte Lager mit seinen 200.000 Menschen war vom Thai-Militär teils mit Brandschatzung, teils mit Nahrungsboykott gezwungen worden, ca. 2 km weiter nach Osten zu gehen und hinter einem Grenzfluß neu zu siedeln. Während das Rote Kreuz danach aktiv wurde und sich vor dem Lager groß einrichtete; gingen wir über den Fluß in das Lager hinein. Dort praktizierten wir einige Tage lang von einem Lastwagen aus mit einer Plane und einigen Taschen. Die Schwerkranken lagen unter dem Laster, im Schatten, am Tropf. In den letzten Wochen konnten wir dann in einem größeren Bau mit genügend Platz für 3 Untersuchungstische für Erwachsene, 2 Tische für Kinder, einem Raum für chirurgische Behandlung und mehreren Betten sowie einer Apotheke und einer Küche mit Vorratsraum arbeiten".

(Aus dem Tagebuch von Dr. Gerhard Möbius)

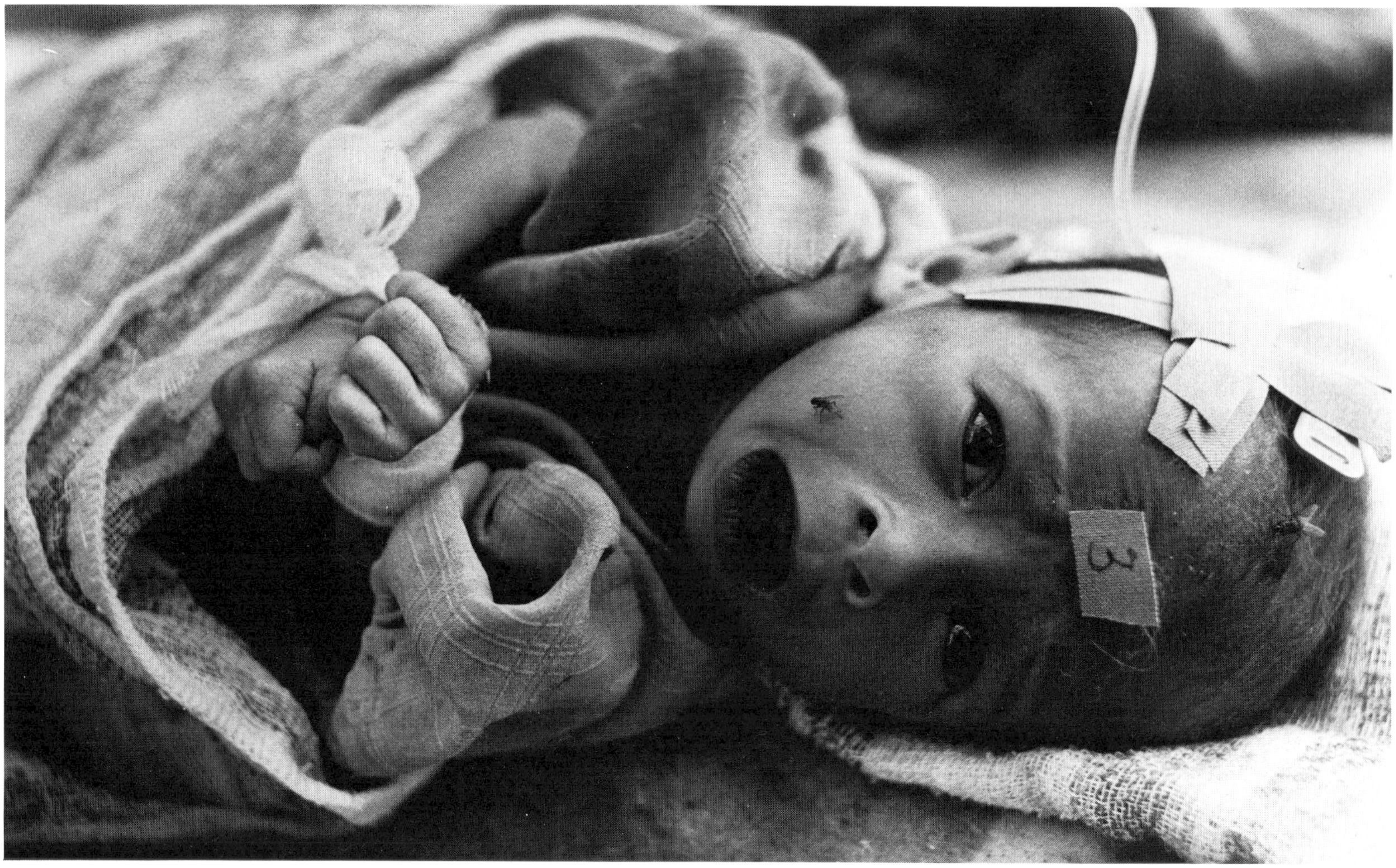

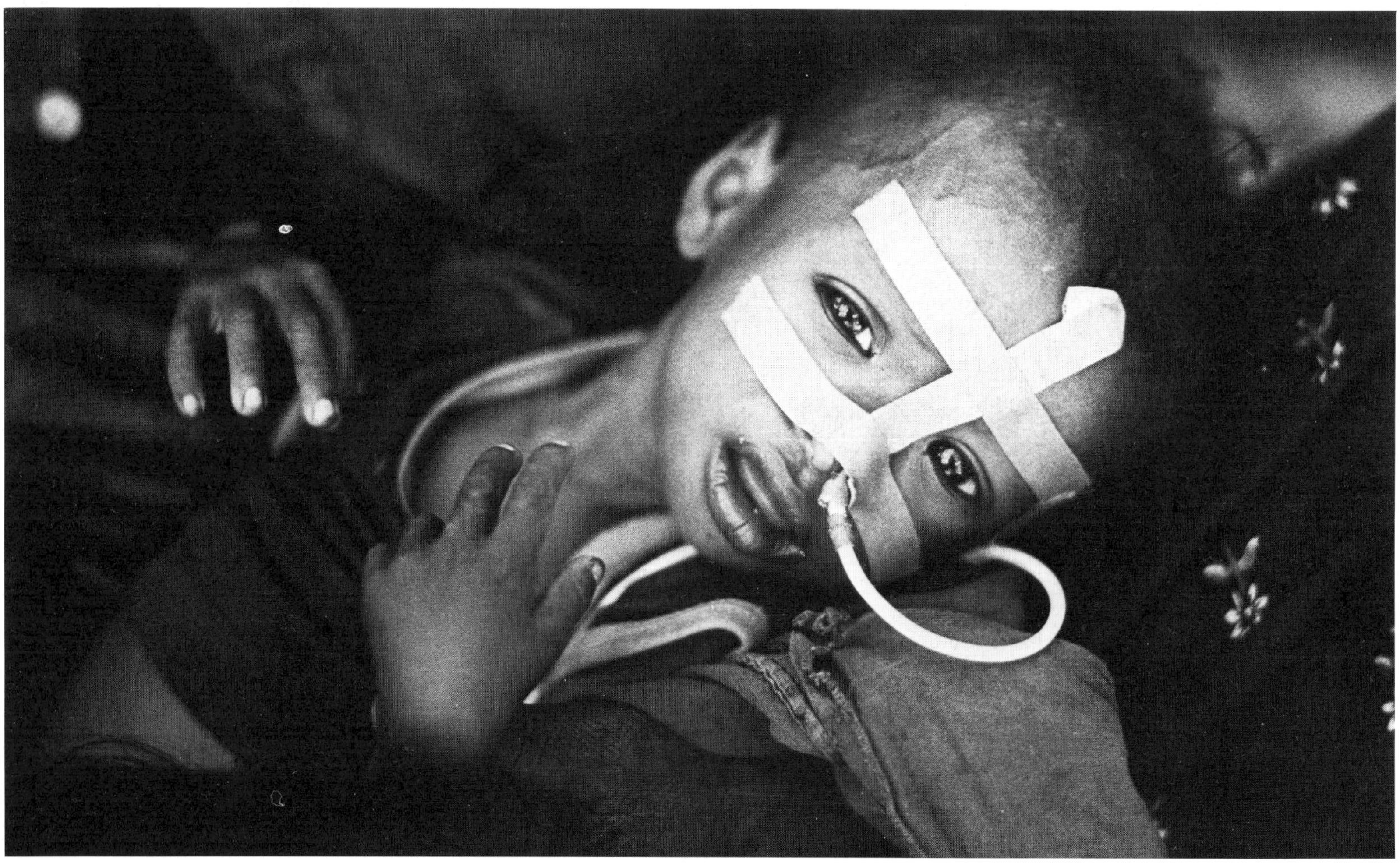

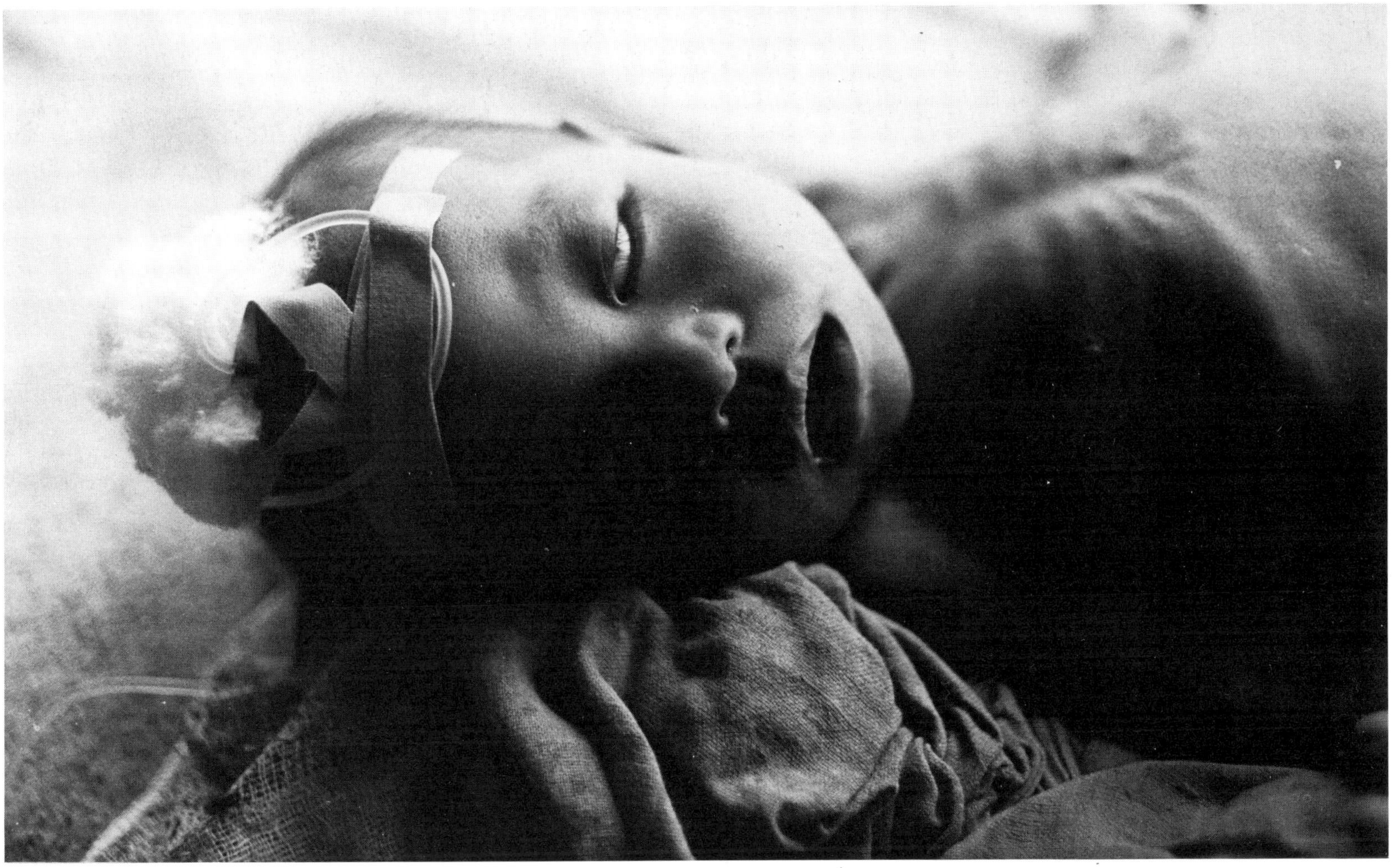

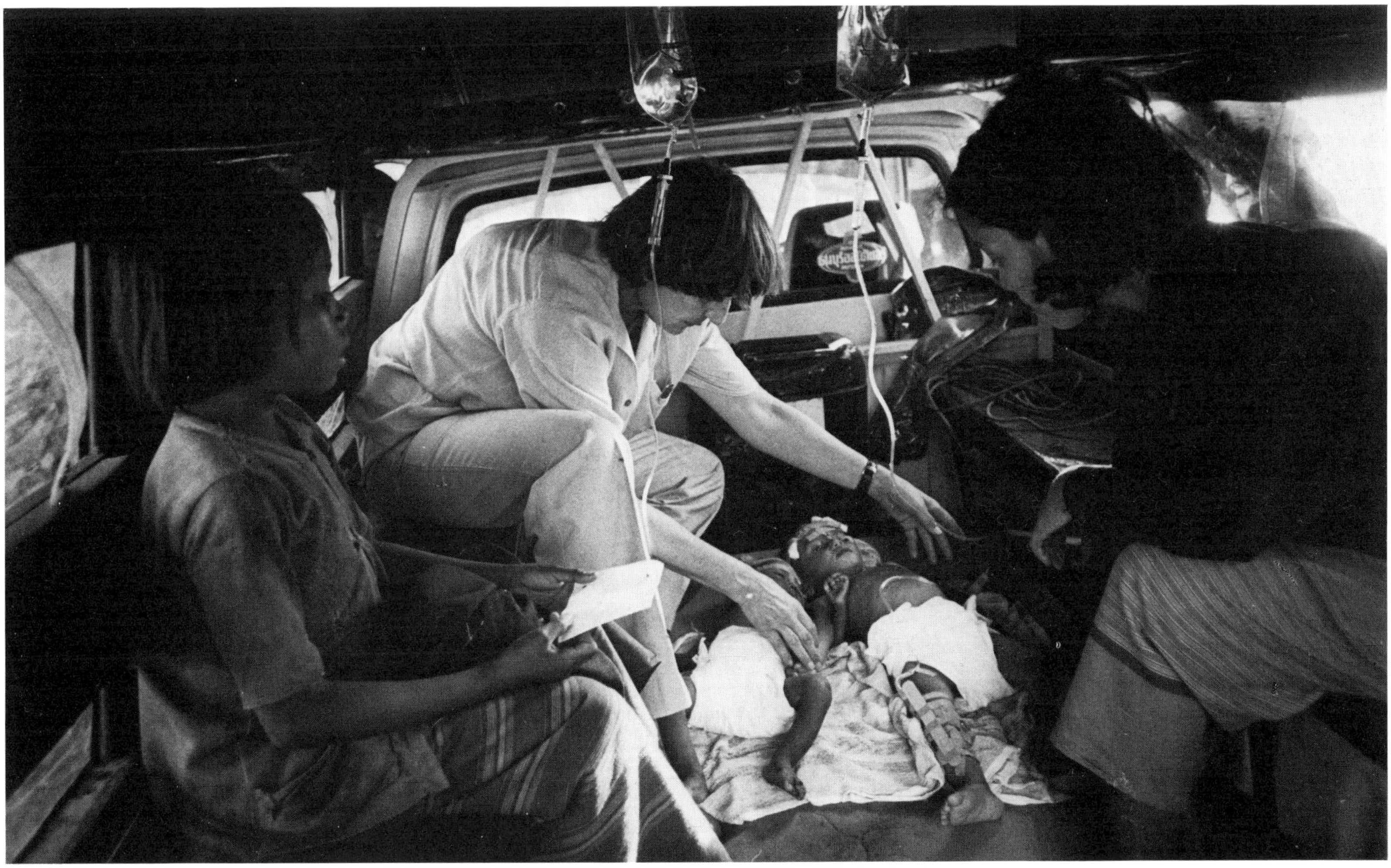

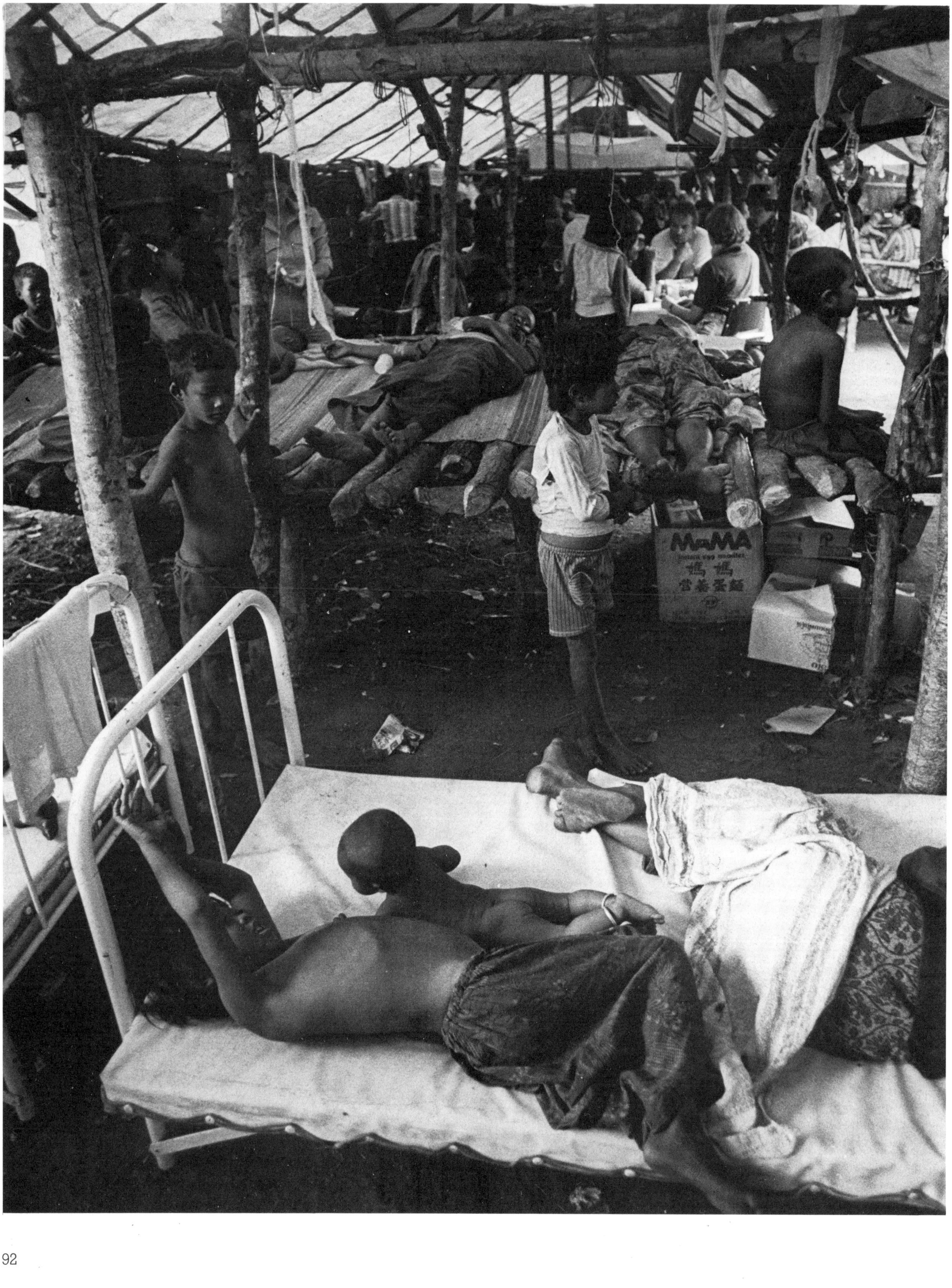
MaMA
媽媽

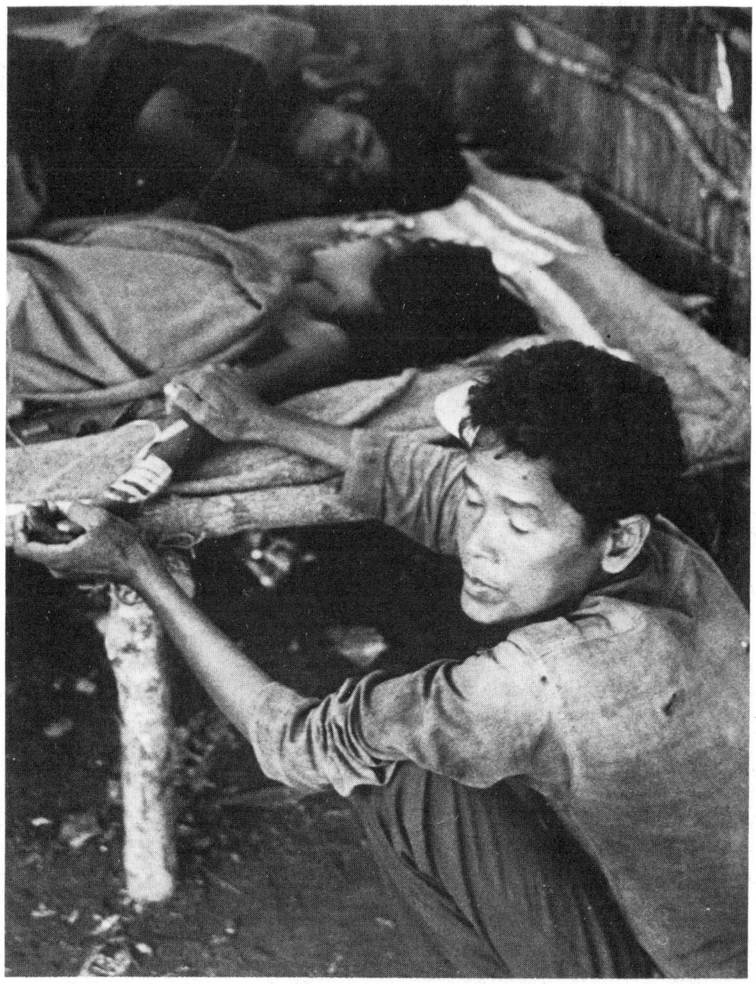

„Rooming in" auf kambodschanisch

Die Hospitaleinheiten die in Non Samet und Non Mak Moon entstanden, waren auch nur annähernd mit europäischen Einrichtungen dieser Art zu vergleichen. Die hygienischen Zustände waren unbeschreiblich: Wenn Wind aufkam, wirbelten Staubwolken unter dem Plastikdach, wo Temperaturen bis zur 45° C herrschten, Fliegenschwärme setzten sich auf Medikamente und Spritzen, wühlten in die offenen Wunden, in die Münder und Augen, Ohren und Nasen der Patienten. Es herrschte ein wildes Durcheinander von Ärzten und Schwestern, Dolmetschern, Verwandten und Patienten, die bisweilen unter die Untersuchungstische krochen um eher dran zu kommen. Die Anwesenheit der Eltern und Familienangehörigen war in diesen Hospitälern aber unentbehrlich. Sie assistierten den Medizinern, wachten bei den Patienten und kontrollierten den Verlauf der Infusionen.

Hoffnung, Verzweiflung, Ausdauer, Widerstandswille, Tod und Geburt; sämtliche existentielle Stationen des Menschenlebens mischten sich hier unter ein und demselben Dach.

„Alle Deutsche böswillig und zweifelhaft . . . "

„Doktoren, zunächst möchte ich mich für die zwölf Handtücher bedanken, die Sie mir gestern gaben. Ich habe sie an Mitglieder meiner Familie und meine Freunde verteilt. Wir alle müssen Sie von einem Irrtum in Kenntnis setzen. Wir kannten Ihr Land unter dem Namen von Hitler, dem Führer und der Gestapo. Diese drei Worte riefen in uns den Tod und die Konzentrationslager, den Terror gegen die Juden hervor. Durch eine falsche Ableitung dachten wir nun, daß alle Deutschen böswillig und zweifelhaft sind wie Hitler. Ja, meine Damen und Herren Doktoren, wir erwarteten eigentlich sehr wenig von Ihrer Hilfe, und deshalb war Ihre Ankunft hier für uns auch eine so schöne und angenehme Überraschung. Unter dem Regime von Pol Pot haben wir sehr viel an Hitler gedacht.

Als wir diesem tyrannischen Regime entflohen, dessen inkarnierter Teufel Pol Pot ist, hatten wir zunächst damit gerechnet, die Hilfe unserer ehemaligen Schutzmächte zu empfangen, also der Franzosen und der Amerikaner. Aber bis jetzt haben wir in diesem Lager nicht einen einzigen Franzosen getroffen, was bedauerlich ist. Einige meiner Mitbürger, denen es an bestimmten geographischen Kenntnissen mangelt, halten Sie für Franzosen, weil nach ihrer Meinung alle Europäer Franzosen sind.

Was die Amerikaner angeht, so verdanken wir ihnen viel und den Respekt für die große Hilfe, die sie uns durch die Vermittlung der Thais gewährt haben.

Doktoren, Sie sehen, daß wir die Hilfe verschiedener Nationen empfangen haben, aber nicht eine einzige hatte den Mut, bis zu uns zu kommen und die Güter mit ihren eigenen Händen zu verteilen oder zu verifizieren, ob sich nicht die große Masse dieser Güter auf halbem Wege verliert, bevor sie die Unglücklichen erreicht, die ihrer wirklich bedürfen.

Um zu enden, Doktoren, muß ich es sagen und wiederholen: Sie alle sind unsere Götter, die sich nicht gescheut haben, ihre sauberen Hände mit unseren Krankheiten, unseren Leiden und unserem Elend schmutzig zu machen. Wissen Sie, Doktoren, daß Ihre Anwesenheit uns doppelt wertvoll ist; denn Sie heilen nicht nur unsere Krankheiten sondern auch unsere Seele".

Chheng, die diesen Brief schrieb, war Dolmetscherin im Non Samet-Hospital, damit wie die anderen Dolmetscher auch, Vermittler und Verbindungsperson zu den vielen Patienten, die keine Fremdsprache konnten. Das Verhältnis der Ärzte und Schwestern zu diesen Dolmetschern war besonders herzlich und manch einer hätte ihnen gern den Wunsch erfüllt, in der Bundesrepublik als „Kontingent"-Flüchtling akzeptiert zu werden. Diese Dolmetscher gehörten ja als zumeist einzige Überlebende einer sozialen Schicht in Kambodscha an, die fast ausgerottet schien: der Bildungsschicht. Sie waren in den vergangenen fünf Jahren besonders gefährdet gewesen, hatten sich verstecken, ihre Berufe, ihre Fähigkeiten und Kenntnisse verheimlichen und verdrängen müssen. Es war lebensgefährlich, wenn es auffiel, daß jemand englisch oder französisch konnte.

Ohne die ständig einsatzbereiten und freiwillig arbeitenden Dolmetscher, wäre die Arbeit an der thailändisch-kambodschanischen Grenze für das Komitee nicht möglich gewesen.

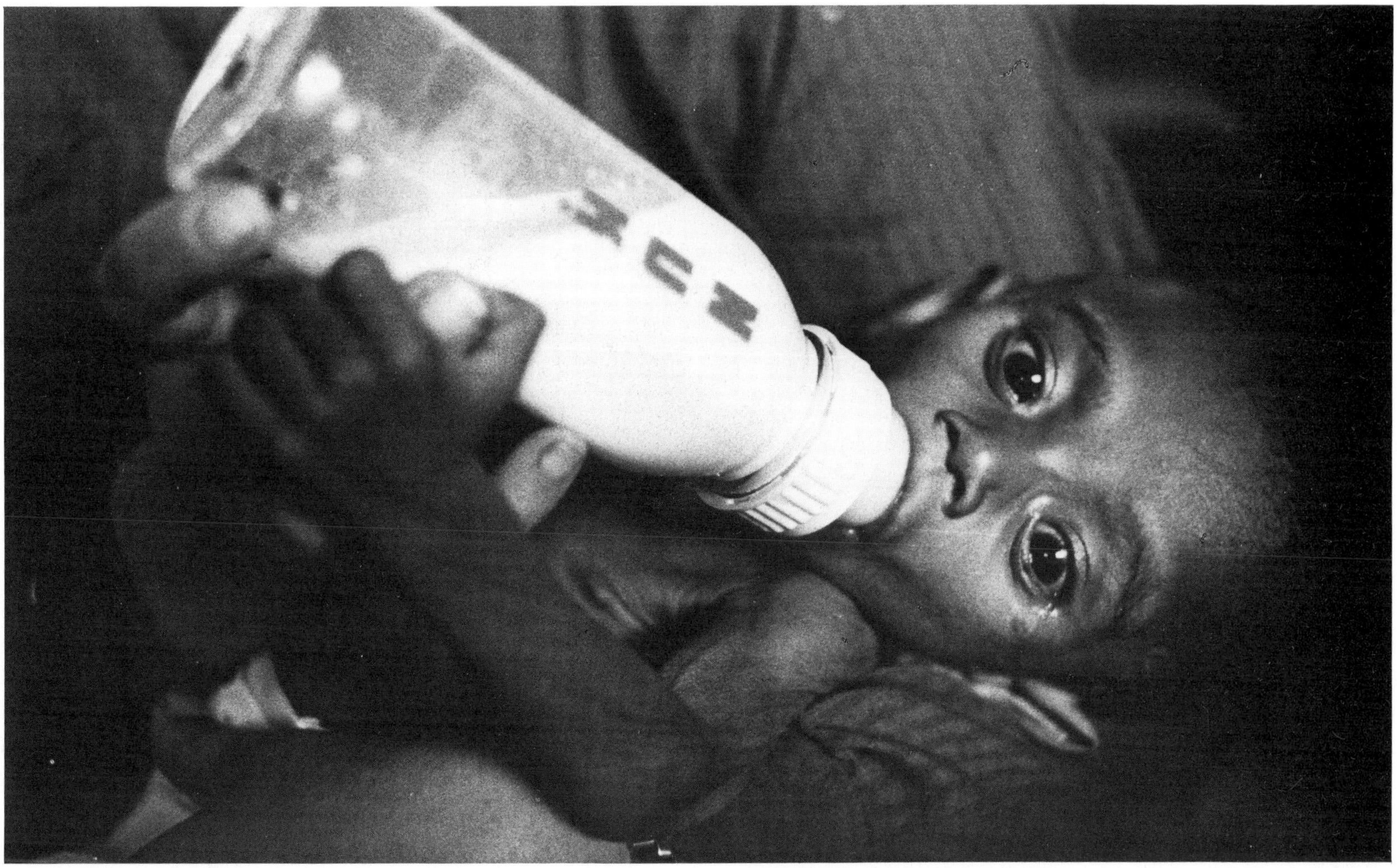

Kinder die vor Tagen noch aussahen wie gerade dem Totenhaus entronnen, erholten sich durch die Infusionstherapie erstaunlich schnell. Bald konnten sie Milchpräparate und andere therapeutische Nahrung verkraften. Liebevoll reichen Kinder sich gegenseitig die Nahrung in der „feeding-station". Ein Symbol für die hygienische Bedingungen im Lager stellt die weggeworfene „feeding-tube" dar.

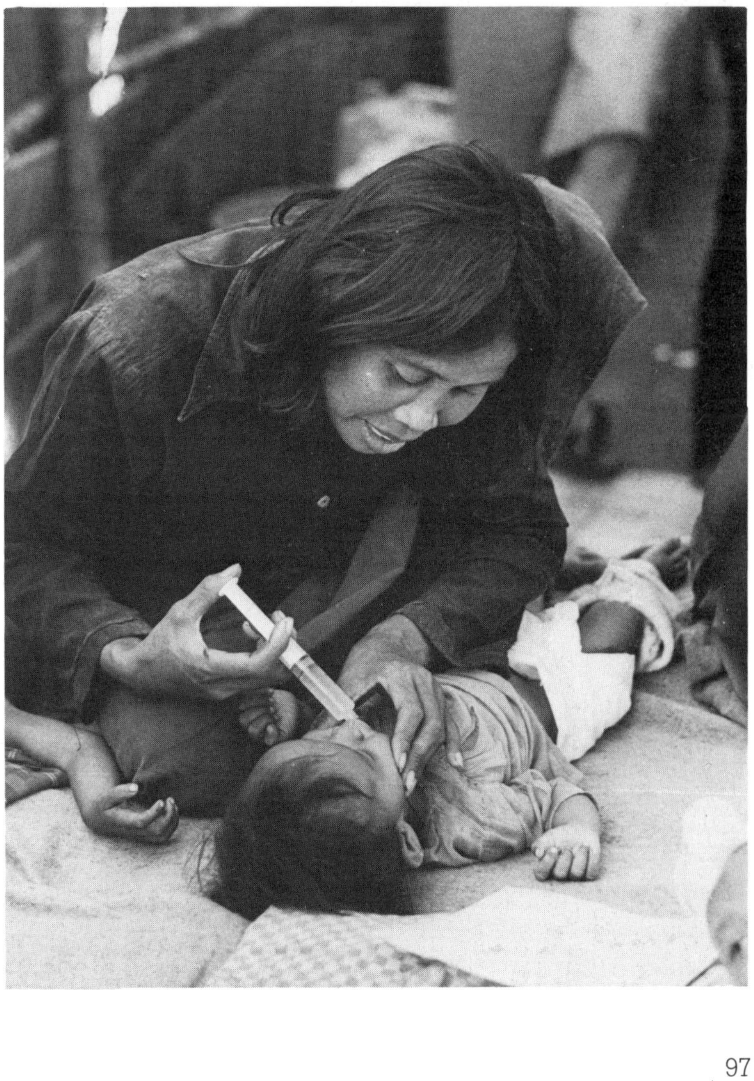

Eine halbe Stunde glücklich

„Singen ja, ja, jippie, jippie jäh, singen ja, ja, jippie, jippie jäh, mit der Brille auf der Nase . . ."

Am Ende der Nachmittagsarbeit im Camp wird die Stimmung plötzlich bombig: Die Khmer-Kinder, denen die Kriegs- und Fluchtjahre die schönste Zeit ihres Lebens gestohlen haben, erleben zum ersten Mal ein gemeinsames Spiel, ein rythmisches Klatschen, ein gemeinsames Singen und Summen – obwohl sie kein

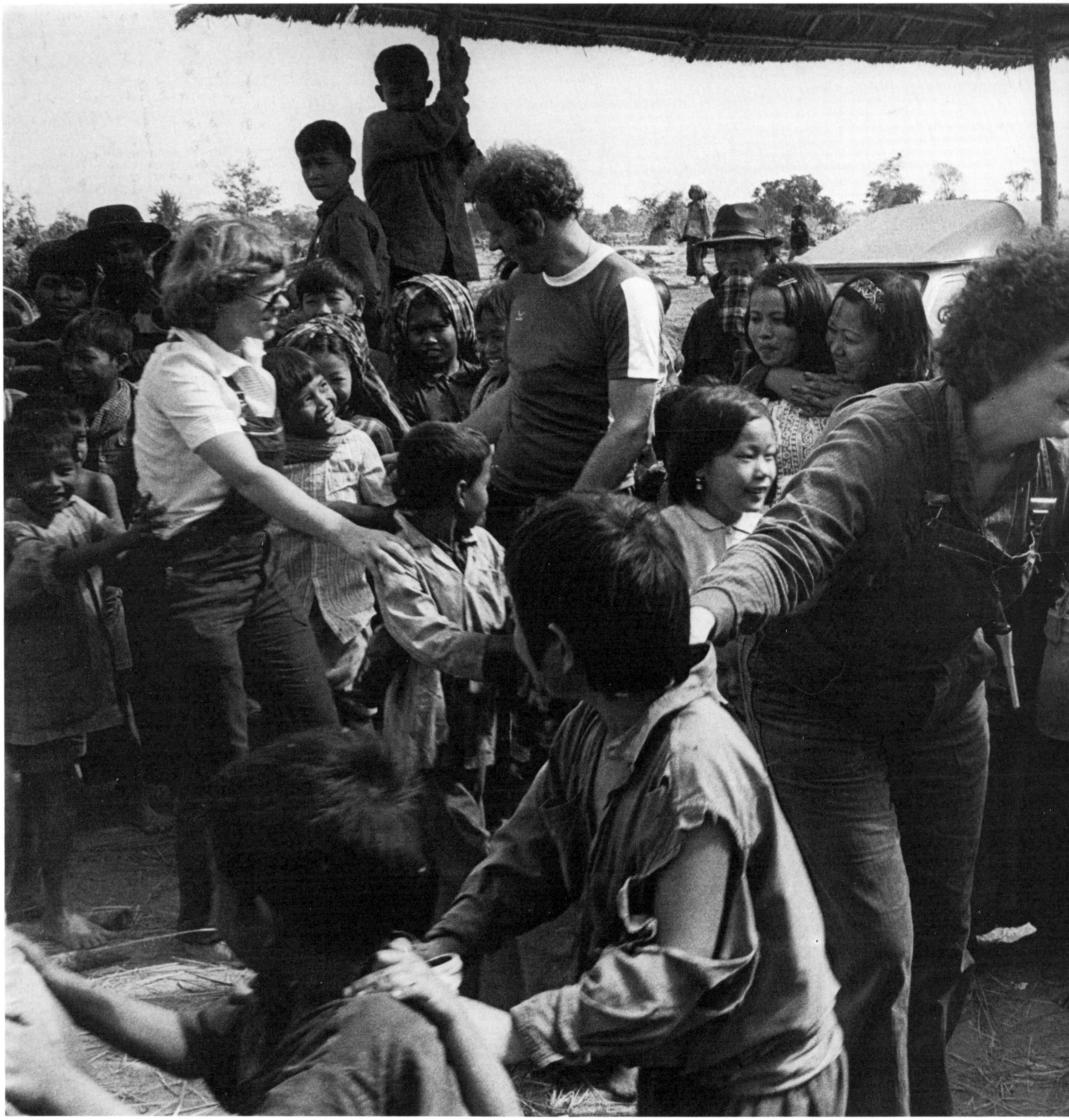

Wort dieses billigen Schlagers verstehen. Dieses Lied und einige Luftballons, mitgebracht aus der Bundesrepublik, haben einen überwältigenden Erfolg, die Kinder sind in dem Elend und der Unsicherheit ihrer Existenz und Zukunft eine halbe Stunde glücklich.

Dieses einst so stolze, für die Kulturgeschichte Asiens wichtige Volk der Khmer wird ermordet: Der wütende Hunger geht weiter, die Khmer-Rouge wüten weiter in den Cardamon Bergen und anderen Regionen des Landes, das verhaßte Puppenregime Henk Samrin hat das Land im militärischen Griff. Die Reiskulturen sind zerstört, die Brunnen zerbrochen, die Menschen in den Lagern wissen nicht, wohin sie sich wenden sollen: Verlieren sie ihre Existenz und ihre relative Freiheit, wenn sie nach Kambodscha zurückgehen? 5 Millionen von früher acht Millionen der Khmers sollen überlebt haben. Werden die Khmers als Volk überleben?

Das ist die Frage, die sich jeder Arzt und jede Schwester stellt, die bei diesem unglaublich liebenswürdigen Volk gearbeitet hat.

Am Khyber Paß

Versuch eines Projektes in Pakistan – Ärzte für Afghanistan

Kurz nach Weihnachten 1979 brachen sowjetische Truppen in die Republik Afghanistan ein. Tag und Nacht landeten auf dem Flughafen Kabul Maschinen der sowjetischen Luftwaffe, die immer neue Truppenteile in das Land einschleusten. Afghanistan wurde zu einem besetzten Land. Seit dem August 1968, als sowjetische Truppen das Experiment eines tschechischen Sozialismus mit menschlichem Gesicht niederschlugen, hatte es kein weltpolitisches Ereignis mehr gegeben, das die Welt in derart große Aufregung versetzt hätte. Die empfindliche Machtbalance zwischen Ost und West schien nachhaltig gestört.

Wieder wurde dieser Konflikt auf dem Rücken der Zivilbevölkerung ausgetragen: Hunderttausende flohen aus ihrer ärmlichen Heimat vor den Angriffen und den Bomben der sowjetischen Flugzeuge und Helikopter und sammelten sich in notdürftig aufgebauten Zeltlagern in den gleichermaßen ärmlichen Grenzregionen West-Pakistans.

Am 30. Januar flog ein erstes „fact-finding team" des Komitees, drei Ärzte, unter ihnen der afghanische Arzt Dr. Nasseri, und eine Schwester, in das pakistanische Grenzgebiet, um die Möglichkeiten eines Einsatzes von Ärzten und Schwestern zu prüfen. Von Anfang an nahmen aber die pakistanischen Behörden eine abweisende Haltung gegenüber den ausländischen Teams an. Die Komitee-Gruppe begann im Februar

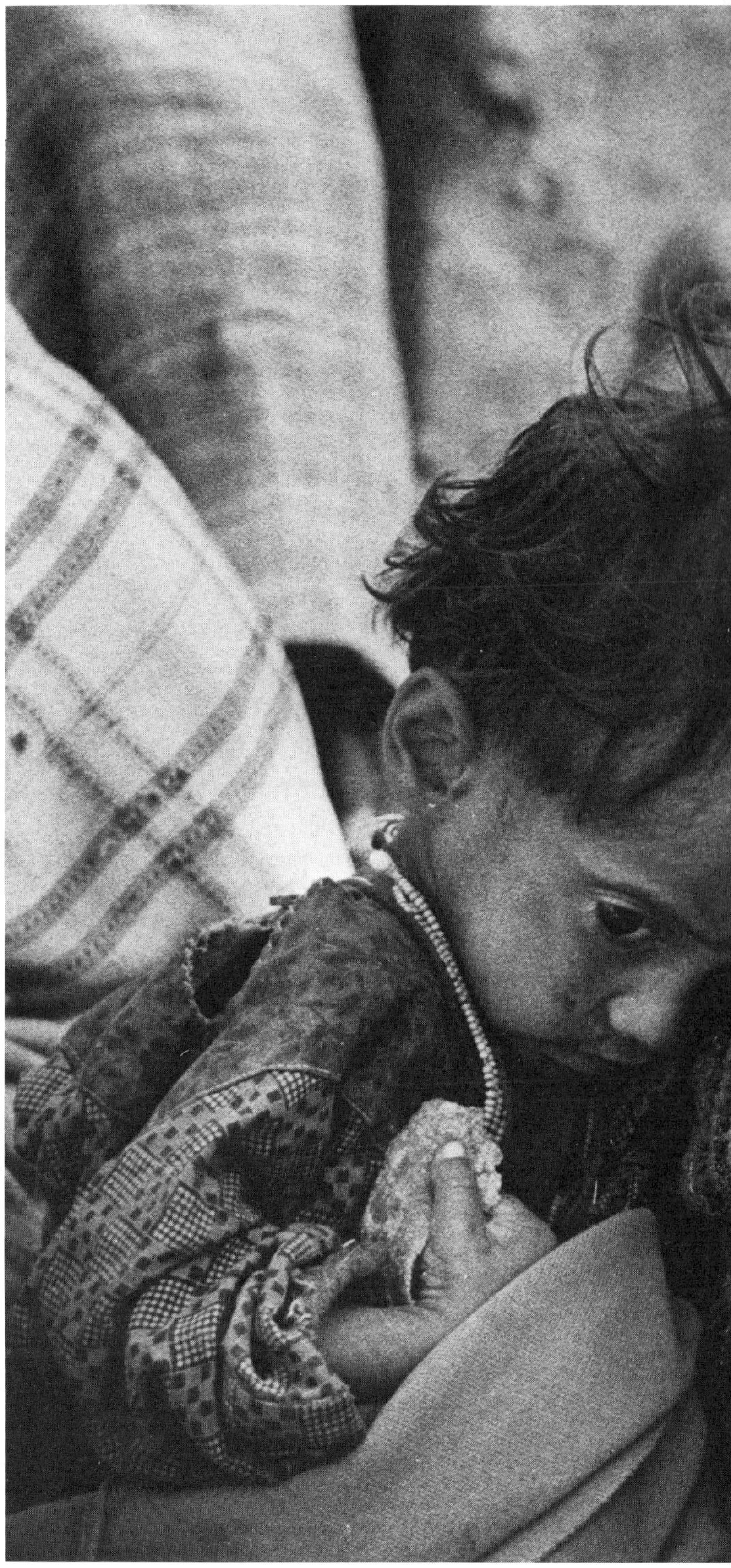

einfach mit der Arbeit in den Lagern bei Peshawar, aber es wurde ihr nur eine provisorische Arbeitsgenehmigung erteilt, die auf die Dauer dieses Teameinsatzes, 4 Wochen, beschränkt blieb. Bis heute hat die pakistanische Regierung ihre Politik, keine ausländische Mediziner-Equipes vor Ort zuzulassen, nicht geändert. Dr. Nasseri blieb aber für das Komitee in Peshawar und gründete eine „Union Afghanischer Ärzte", die von den pakistanischen Behörden wohl eine Arbeitserlaubnis erhielt. Diese „Union" stellten wir zunächst einmal das medizinische Equipment zur Verfügung, das wir bereits in Pakistan angeschafft hatten.

Zum anderen gaben wir der „Union" eine Starthilfe in Höhe von DM 60.000, mit der sie sich das Nötigste an Ausrüstung und Medikamenten besorgen konnte. Das Komitee arbeitete in Pakistan von allem Anfang an mit dem „Verein für afghanische Flüchtlingshilfe e.V." zusammen, der die weitere finanzielle Betreuung der „Union" wirkungsvoll übernommen hat.

Falls es hier zu einer Änderung der pakistanischen Regierungshaltung kommen sollte, wären wir immer wieder bereit, Ärzte- und Schwestern-Teams dorthin zu schicken. Was wir auf Grund unserer Erfahrung auf keinen Fall machen würden: irgendwelche Hilfsgüter in diese Region zu liefern, ohne daß das Komitee oder seine Vertreter vor Ort die Verteilung und richtige Verwendung mitinitiieren und kontrollieren könnten.

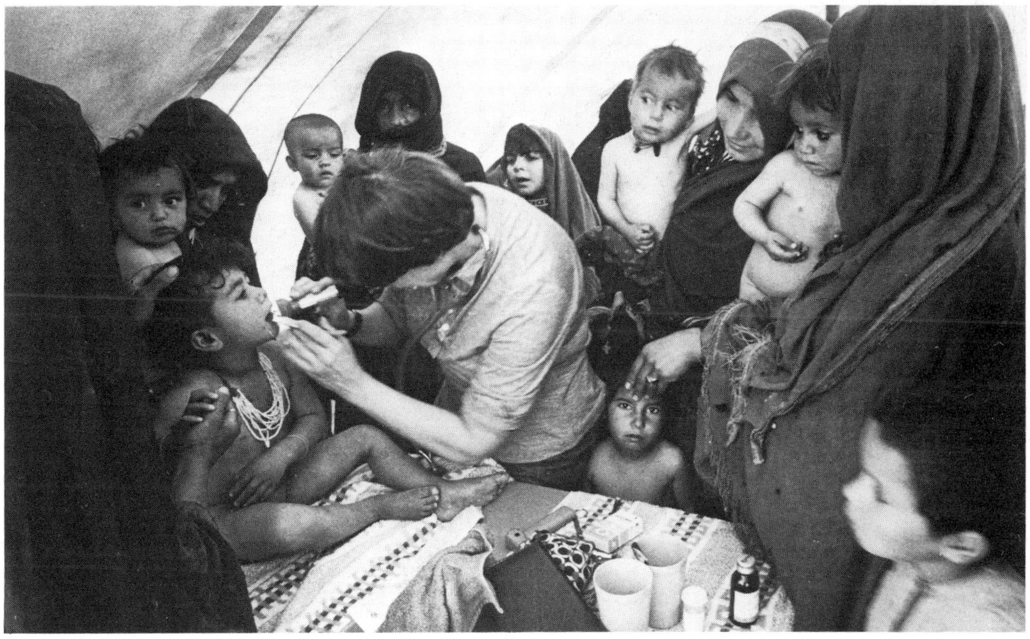

Acht Kilometer von Hargeisa

Not-Ärzte für Somalia – Die Lager Dam und Tug

War unsere Aktion bisher auf Südostasien und die Flüchtlinge in diesem Raum beschränkt (worauf ja auch schon der Aktionstitel hinwies: „Ein Schiff für Vietnam"), so hatten wir uns schon bei dem Versuch, in West-Pakistan ein Projekt zugunsten der afghanischen Flüchtlinge zu beginnen, aus diesem polit-geographischen Raum etwas entfernt. Mittlerweile wurde auch klar, daß wir mit dem alten Vereinsnamen uns nicht mehr vernünftig vorstellen konnten, wir nannten uns ab Februar 1980 Deutsches Komitee Not-Ärzte e.V.

Afrika kam im März/April stärker in den Blick; der zumindest quantitativ erheblichere Flüchtlingskontingent. Zunächst erkundeten wir die Situation der eriträischen Flüchtlinge, mußten aber feststellen, daß in Eriträa selbst kein Versorgungsprojekt möglich ist. Dann erreichte uns der Hilferuf von Abdulkarim Guleid, eines Somali, der in München bei der Firma Siemens arbeitete. Abdulkarim hatte sich seit einem guten Jahr um ein Hilfsprojekt für die somalischen Ogaden-Flüchtlinge bemüht – aber bei den großen Hilfsorganisationen war er abgeblitzt. Zwar hatten wir alle ungefähr etwas von den Flüchtlingen gehört, die nach Somalia hineinströmten, aber Genaueres wußte niemand. Abdulkarim informierte uns, machte uns mit dem Tourismusminister Somalias bekannt, der sich gerade zur großen Tourismus-Ausstellung in Berlin aufhielt (März 1980) sowie mit Dr. Aden, der die Kulturabteilung an der Botschaft Somalias in Bonn leitete. Das war Mitte März.

Am 1. April flog ein Voraus-Team nach Mogadishu, das die Flüchtlingssituation in Somalia für uns recherchieren und herausfinden sollte, ob das Komitee mit seinen beschränkten Mitteln und Möglichkeiten dort mit einem Einsatz beginnen sollte. Das Team besuchte zwei der drei großen Flüchtlingskonzentrationen: Lager im Süden bei Belet-Uen und die Flüchtlingsansammlung im Nordwesten Somalias bei Hargeisa. Anfang April gab es bereits 650.000 Flüchtlinge in 22 Lagern, eine ebenso große Anzahl sollte – so wurde geschätzt – bei Verwandten in den Städten und Dörfern untergekommen sein (sog. „peri-urban-refugees", Flüchtlinge am Rande der Städte) oder frei im Lande nomadisieren. Die Nomaden, so hörten wir später, gehen erst in dem Moment in ein Camp, wenn sie die letzte Ziege oder das letzte Kamel verloren haben.

Das Team schließt seine Erkundung am 12. März ab. Der Arzt Edgar Dzialdow berichtete nach seiner Rückkehr von einer katastrophalen Versorgung dieser Flüchtlinge, sowohl was die Ernährung angeht wie auch was die medizinische Betreuung betrifft. „Wir sahen in überhitzten Zelten des Krankenhauses (des Lagers Agabar) viele dehydrierte schwerkranke Kinder, die nicht parateral ernährt wurden. Erklärungsversuche der Ärzte wie Sterilitätsprobleme bei Infusionen oder angebliche Möglichkeit der oralen Rehydration befriedigten mich nicht. Pyodermien waren nicht versorgt. Ich meine, bei aller lobenswerten Ausbildung von medizinischen Hilfskräften ist der Arzt für das Überleben des einzelnen Patienten mit verantwortlich und sollte sich nicht in ein deligiertes apathisch resignativ verwaltendes Arzt-Patienten-Verhältnis unter Vernachlässigung des Einzelnen begeben". In Sabaad klagen die Flüchtlinge, daß es an allem mangele. Seit langem gibt es weder ausreichend Zucker noch Reis noch Öl. „Protein in Form von Fleisch ist hier gänzlich unbekannt. Darüberhinaus mangelt es an Decken, die Nächte sind relativ kühl. Es gibt keine Kleidung, viele Kinder laufen gänzlich nackt herum." Für die Hütten der Flüchtlinge gibt es nicht genug Baumaterial (Plastikbahnen, Reisig, alte Säcke), so daß viele Leute im Freien schlafen müssen. Es gibt keine Latrinen. Die Leute graben Wasser aus provisorischen schmutzigen Löchern. Oxfam soll hier demnächst in Sabaad eine Pumpstation am Fluß für die Lagerinsassen bauen. Die Bevölkerung – so das Fazit des Berichtes von E. Dzialdow, des Journalisten Wilhelm Paus und des Medizinstudenten Abdulaziz Ismail – die Bevölkerung „ist in sehr schlechtem Ernährungs- und Gesundheitszustand." E. Dzialdow hat dort zehn nicht zu rettende marantische Kinder mit extremer Dehydration nach Durchfällen gesehen, dazu TBC, Kwashokor mit Pyodermien.

Das Erschütterndste ist die Mortalitätsstatistik für dieses Lager Sabaad, das 35 km von der Hauptstadt der Nordwestregion Hargeisa entfernt liegt und 59.000 Flüchtlinge beherbergen soll: Im Februar starben in diesem Lager wöchentlich 78 Kinder, Anfang März noch 54, als dann Anfang April zum erstenmal in diesem Lager Milchpulver verteilt wurde, sank diese Sterberate auf zunächst 38, dann 27 Kinder unter zehn Jahren, um dann bei sich festigender Nahrungsversorgung stetig zu fallen.

Das Fazit des Vorausteams war eindeutig: Das Komitee muß hier mit der Arbeit beginnen. Wir hatten uns für den Beginn des Projektes einen Termin gesetzt: den 11. Mai und mußten uns nun darum kümmern, den Nachschub zu organisieren und die Nachschubwege zu erkunden.

Es begann dieses Hilfsprojekt – wie meist in der Geschichte des Komitees – ohne Netz und doppelten Boden. Die Spendenbereitschaft hatte in den Monaten von Februar bis Mai erheblich nachgelassen, so daß wir nicht einmal mehr eine gute Vorsorge für das Schiff „Cap Anamur" hatten. Nur waren wir alle überzeugt, daß die Bilder und Berichte, die es im Gefolge des Projektes für die Notleidenden in Somalia geben würde, das Publikum zu weiterer Bereitschaft anregen würde, uns diesen neuen Einsatz zu ermöglichen. Wir wußten, daß der TV-Journalist Wolfgang Moser in Somalia mit einem Fernsehteam des Südwestfunks gewesen war und von dort erschütternde und ihn, den Journalisten selbst bewegende Bilder mitgebracht hatte. Wir wußten, daß das politische Magazin des SWF, „Report", eine Sendung über die Notlage der Flüchtlinge plante. Dennoch: Dies alles war ja keine Garantie. Es konnte ja auch sein, daß die deutsche Bevölkerung mit Flüchtlingen in Afrika überhaupt nichts zu tun haben will.

Wir nahmen für den Beginn der Somalia-Aktion bei unserem eigenen Vietnam-Konto ein Darlehen von ca. 250.000 DM auf. Soviel benötigten wir für den ersten Nachschub-Transport nach Hargeisa. Noch während wir mit den LKW's die beschwerlich-abenteuerliche Strecke von Djibouti aus über die holprigen Wege unterwegs waren, lief am 13. Mai um 21.00 Uhr einer der eindrucksvollsten Magazin-Filme in der Programmgeschichte des Deutschen Fernsehens. Wolfgang Moser beschrieb in einem Film, der in jeder Sequenz den Zuschauer unruhig und betroffen machte, das mühsame Überleben dieser Flüchtlinge, ihre geringe Lebenserwartung, wenn nicht bald vom Ausland und von Europa massive Hilfe einsetzten würde: „Wenden Sie sich jetzt nicht ab" rief der Autor an einer herzzerreißenden Sequenz den Zuschauern zu, „auch wenn es Sie jetzt im Hals würgt, wie es uns beim Filmen auch im Hals gewürgt hat". Es waren Bilder von sterbenden Menschen, von der unendlich tapferen Frau und Mutter Hussein, deren trauriges und stolzes Gesicht man nicht mehr vergessen kann, die für drei Kinder zu sorgen hat und diesen immer hungrigen Mündern nie genug zu essen geben kann. Dieser einzige 12-Minuten-Beitrag der „Report"-Sende-Reihe erbrachte über sechs Millionen DM (wir erfuhren das alles sehr viel später), allein für die „Not-Ärzte" spendeten die Zuschauer etwa 4,7 Mio. DM. Damit ließ sich zunächst gut arbeiten.

Wir begannen in Dam am 15. Mai mit dem Aufbau von zwei Zelten, die Ärzte und Schwestern legten sofort los: Es war entsetzliches Elend in diesem Lager zu dieser Zeit versammelt. Es gab hunderte von stark unterernährten auch dehydrierten kleinen Kindern, bei denen immer nur eins half: Sie mußten sofort an eine Infusion gehängt werden. So arbeiteten zumal die Ärzte und Schwestern der ersten Equipe von früh morgens bis zum Untergang der Sonne im Lager.

Der Ruf dieses Teams, die Kunde von einer wirklich funktionierenden ärztlichen Versorgung verbreitete sich in der ganzen Region. Bald hatten wir im Dam-Camp nicht mehr nur die Flüchtlinge dieses, sondern auch anderer Lager, aber auch die Bewohner der nahe gelegenen Stadt Hargeisa zu betreuen. Selbst aus dem Krankenhaus in Hargeisa brachten Mütter ihre Kinder bis zum Zelt der „deutschen Ärzte", um sie dort behandeln zu lassen. Sie hatten in den Not-Ärzte-Zelten wenigsten die Gewähr, daß auch Medikamente zur Behandlung der Kranken greifbar sind.

In den ersten acht bis zehn Wochen war die Behandlung reine Notfallversorgung. Durch hunderte von Traubenzuckerinfusionen und durch künstliche Ernährung mit der Magensonde wurden sehr viele Kinder vor dem sicheren Tod gerettet. Nach drei Monaten hatte sich durch diese intensive Tag-für-Tag-Arbeit der deutschen Teams der Gesundheitszustand unter den insgesamt etwa 45.000 Menschen in Dam entscheidend gebessert, ohne daß man davon sprechen konnte, daß nun keine Vorsorge mehr hätte geleistet werden müssen. Im Gegenteil: Weiter gab es in diesem Camp wütende Krankheiten – und erst jetzt, nach Ende der Notfallversorgung konnten sich die Teams an eine langfristige Behandlung der TBC-Fälle unter der Lagerbevölkerung machen. Etwa 80% der Menschen in diesen Lagern sind von TBC befallen. Weiter gibt es epidemieartig auftretende Magen-Darm-Erkrankungen, wobei einige Monate – bis zur Einrichtung eines Labors – noch nicht abgeklärt war, welches die Ursachen für diese Krankheiten waren. Dann gab es bei einer großen Zahl von Patienten „die Infektionen der oberen Luftwege". Es ist nachts sehr kalt in Nord-Somalia. Infolgedessen ist die unzureichende Bekleidung, vor allem der Kinder, und die leichte Bauweise der Hütten hier ein Grund, weswegen sehr viele Infektionen der oberen Luftwege vorkommen. Dem ließe sich schnell abhelfen, indem man warme Decken oder Kleidungsstücke verteilt. Der gravierendste Punkt bleibt das Wasserproblem. Hierfür gibt es wahrscheinlich keine vollständige Lösung. Sicher kann über Tiefbrunnenbohrung einiges verbessert werden, aber das erfordert ein erhebliches technisches Wissen und es sind keineswegs immer Teams greifbar, die diese entsprechenden Bohrungen durchführen.

Zwischendurch war die deutsche Öffentlichkeit wie auch die deutsche Bundesregierung von den Aktionen der „Not-Ärzte" und den Berichten des Fernsehens aufgescheucht: Viele Repräsentanten, Politiker, Abgeordnete des Bundestages, viele Journalisten aller Medien machten sich ebenso auf den Weg nach Somalia wie die großen Hilfsorganisationen, die bis dahin Somalia nicht sehr viel Aufmerksamkeit zugewendet hatten. Es kam Anfang Juni (2. bis 9. Juni) eine Delegation des Bundestagsunterausschusses für humanitäre Hilfe nach Somalia, zu viert kam diese Delegation auch nach Hargeisa, ging kurz in das Lager Dam, um dort die Ärzte und Schwestern bei der Arbeit zu beobachten. Die Abgeordneten kamen zu dem Fazit: „Die Regierung Somalias ist zu einer Integration der Flüchtlinge nicht in der Lage und wohl auch nicht interessiert. Dafür sprechen wirtschaftliche Gründe und politische

Motive. Mit langfristigem Einsatz humanitärer Hilfe muß gerechnet werden." Die Abgeordneten hielten das Wasserproblem für die zentrale Frage in der Flüchtlingsversorgung. Sie baten „dringend" das Technische Hilfswerk (THW) in Zusammenarbeit mit dem BMZ einen Vorschlag zu machen, wie das Lager Dam mit Wasser versorgt werden kann. „Eine Flachbohrung mit Wasseraufbereitung, eine Schnellkupplungsleitung von Hargeisa nach Dam oder eine Tiefbohrung kommen in Frage."

Auf das angekündigte THW hätten wir lange warten können. Wir haben als Komitee diese Aufgabe in die eigenen Hände genommen – sind im Kontakt mit der Firma PREUSSAG AG, deren Brunnenfachleute mit zwei Bohrgeräten in Saudi-Arabien arbeiten und die an einem Anschlußauftrag von seiten des Komitees interessiert ist. Wir hoffen, Gelder für diese Aufgaben vom Bundesministerium für wirtschaftliche Zusammenarbeit zu bekommen. Anfang Juli übernahm das Komitee die Versorgung des Grenzlagers Tug Wijale, zwei Landrover-Stunden von Hargeisa entfernt, unmittelbar an der somalisch-äthiopischen Grenze. In diesem Lager mußten Ärzte weiter Notversorgung leisten, hier kamen fast täglich 10 bis 50 Flüchtlinge aus dem Ogaden an, die zum Teil in einem besorgniserregend-erschöpften Zustand waren. Kinder mußten an Infusionen, Erwachsene durch besondere Zusatznahrung wieder zu Kräften gebracht werden. Ganz im Gegensatz zu Dam mußte in Tug Wijale die Notbehandlung intensiv fortgesetzt werden. Besonders heftig wirkt sich die starke Nacht-Kälte hier auf die Flüchtlinge aus. Die Kinder, meist sehr unterernährt, frieren, haben blaue Händchen, stehen früh morgens vor dem Zelt der Ärzte, weil sie sich etwas Wärmendes erhoffen. Das Komitee muß in diesem Lager die Vollversorgung leisten: Niemand kommt bis hierher, um genügend Wasser- und Nahrungsmittel zu bringen, oder nur sehr unregelmäßig.

Die Nachwuchsprobleme wuchsen in andere Dimensionen, als wir sie zu Beginn des Projektes gedacht hatten. Mit dem deutschen Schiff „Tsavo" kamen am 30. Juli folgende Nachschubgüter in Mogadishu an: zwei MAN-Lastwagen, 40 Tonnen Reis, 30 Tonnen Milchpulver, 15 Tonnen Haferflocken, Baumaterialien, 200 Sack Zement, Bauhölzer, Werkzeuge, Proteinnahrung, 140 Klinikbetten, ebensoviele Matratzen, Bettzeug, 1000 Decken. Alles das wird jetzt schon wieder verbraucht sein. Die Flüchtlinge in Dam haben zum ersten Mal in zwei Jahren einen außergewöhnlichen Tag erlebt. Unser somalischer Organisator, Abdulkarim Guleid, hatte für das Abschlußfest des Fastenmonats Ramadan, den „Eed", für die gesamte Camp-Bevölkerung 14 Kamele gekauft und das Fleisch an die verschiedenen Familien verteilt. Dazu wurden 30 Sack Zucker an die Flüchtlinge gegeben, Zucker ist ein wichtiges Hauptnahrungsmittel. Die Nomaden im Lager Dam aßen nach sehr langer Zeit zum ersten Mal wieder Fleisch, ein Nahrungsmittel, das sie in ihrer nomadischen Existenz ständig verfügbar haben.

Eine ausgetrocknete Tiertränke bei der somalischen Stadt Hargeisa. Zwei Jahre hat es hier nicht geregnet. Was an Vegetation noch vorhanden war, ist von hungerndem Vieh weggefressen worden. Die anhaltende Dürre bedroht das Leben von 10 Millionen Menschen in der Hungerregion Ost-Afrikas.

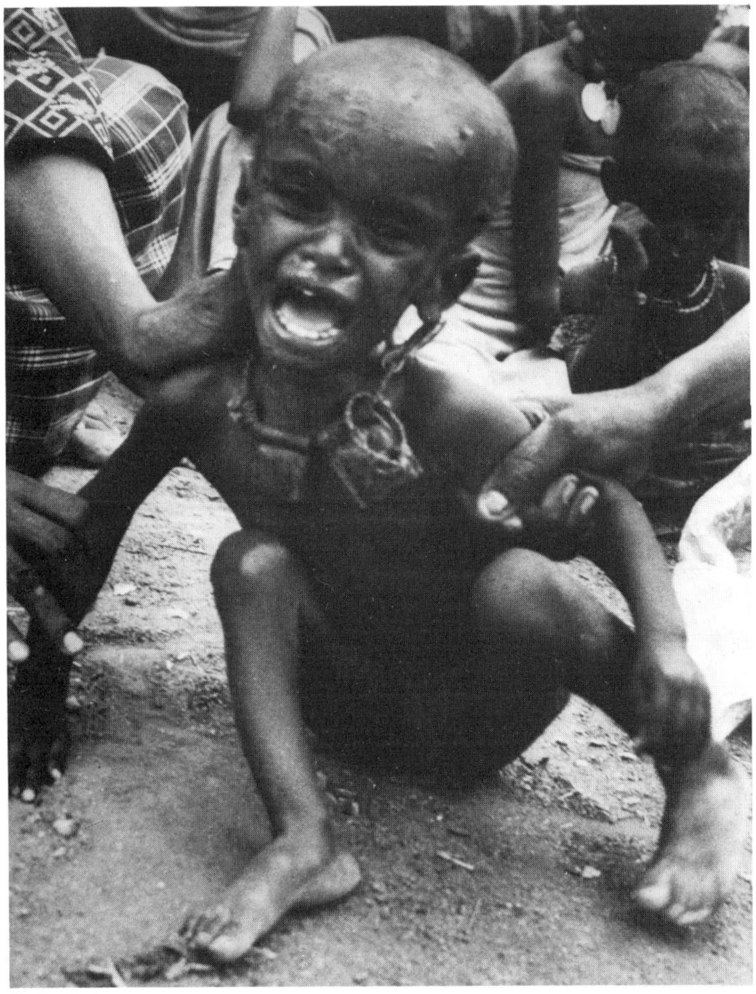

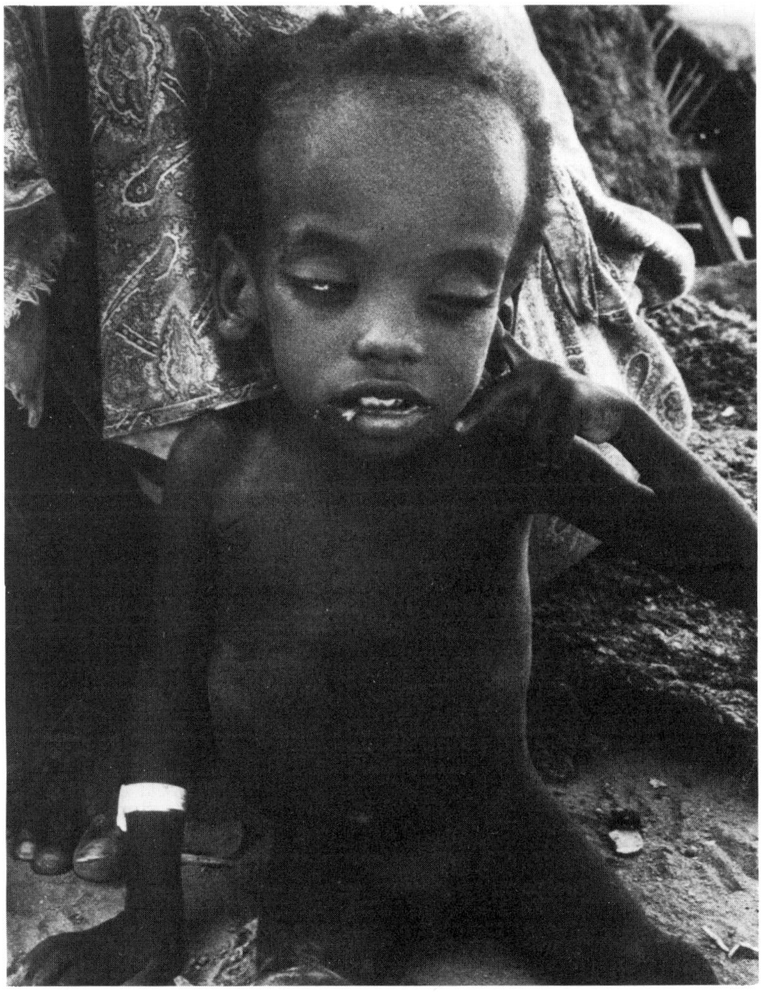

„Fact-Finding Mission"

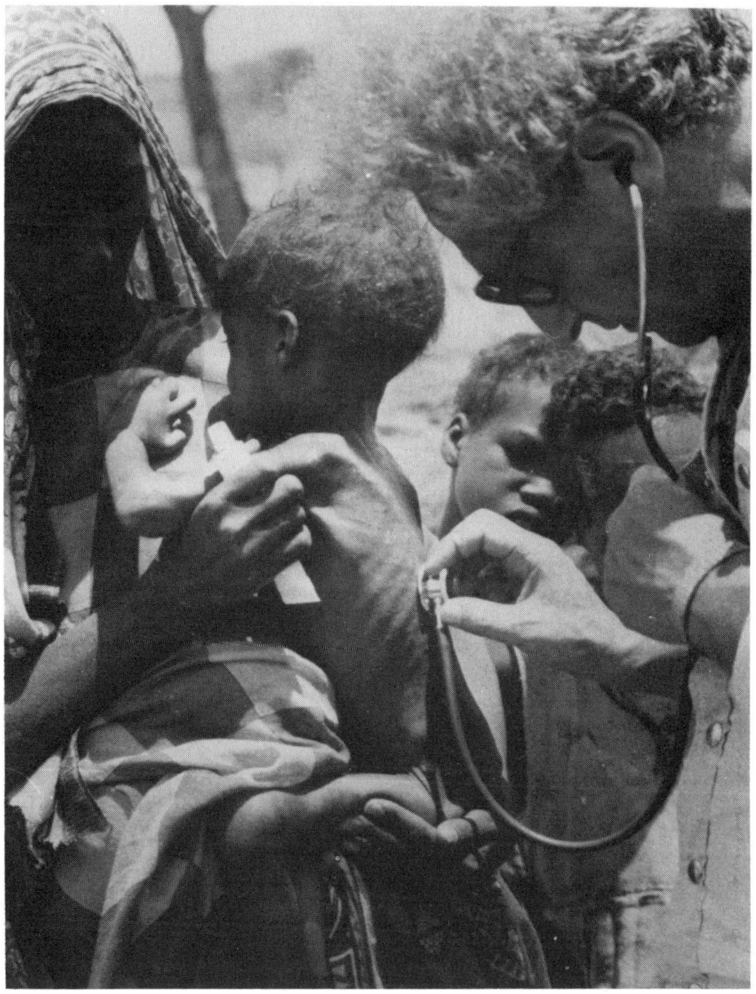

Ein Voraustrupp – der Komitee-Arzt Edgar Dzialdow, der Journalist Wilhelm Paus, der somalische Medizinstudent Abulaziz Ismael – flog am 1. April nach Mogadishu, um abzuklären, ob das Komitee sich in Somalia engagieren soll. Besucht wurden die Flüchtlingslager in Belet-Uen im Süden und um Hargeisa im Nordwesten. Die Versorgung zweier Lager: Dam, 8 km von Hargeisa mit 45.000 und Sabaad, 35 km östlich von Hargeisa, mit 59.000 Einwohnern, wurde den Behörden vorgeschlagen. Am 16. April schloß das Team mit der Flüchtlingskommission Somalias und dem UN-Flüchtlingskommissariat den Arbeitsvertrag für die beiden Lager ab. Eile ist geboten. Die Flüchtlingssituation in Somalia nähert sich der Katastrophe: Das Vieh ist fast weggestorben, die Menschen stehen vor dem Hungertod, die Kindersterblichkeit in den Lagern ist schon zum Verzweifeln hoch.

Für das Komitee steht nach Rückkehr der drei fest: Wir müssen nach Somalia!

Troisdorf-Paris-Djibouti-Hargeisa

Doch wie? Unser erster Plan sieht vor, daß wir ein Flugzeug chartern, das auf dem Flugplatz in Hargeisa landet und wir dann direkt den Nachschub in die Lager bringen. Wir waren von dem Vorausteam informiert, daß praktisch alles von der Nahrung über Landrover bis zum Hammer und Nagel in das Land gebracht werden muß, weil es auf der Stelle fast nichts zu beschaffen gibt. Also eine ganz neue Erfahrung für das Komitee:

Bei den bisherigen Projekten wurde immer alles im Projektland eingekauft, für das Schiff „Cap Anamur" in Singapur, für die Ärzte an der kambodschanischen Grenze in Bangkok, für das Mediziner-Team in Pakistan in Peshawar. Dieses Mal muß alles von der Bundesrepublik aus organisiert werden. Da wir uns selbst einen Termin gesetzt haben, 11. Mai, ist höchste Schnelligkeit geboten. Die Idee mit dem Charter nach Hargeisa zerschlägt sich: Der Flugplatz ist zu klein. Die zweite Möglichkeit: Mogadishu, fällt ebenfalls flach, weil wir dort die Hilfsgüter noch einmal mit LKW's eine 1600 km lange Strecke transportieren müßten.

Da erreicht uns ein Angebot der „Air-France", die Linienmaschinen von Paris nach Djibouti unterhält. In diesen Cargo-Maschinen können wir einzelne Paletten zu je 8.000 DM mieten (auf eine Palette passen bis zu 8 Tonnen). Wir müßten dann noch die Hilfsgüter die 400 km lange Strecke von Djibouti nach Hargeisa bringen. Eine mit der „Air-France" in Djibouti verbundene Spedition könnte uns genügend LKW's beschaffen, der Preis für die drei Trucks bis Hargeisa: 5000 US Dollar.

Diese Transportroute erscheint uns als die vorerst günstigste – auch unter dem Gesichtspunkt, daß wir damit den Transport begleiten und sicherstellen können, daß die Hilfsgüter auch dort landen, wo sie hin sollen.

So starten wir am 11. Mai 14.20 Uhr mit einem Air-France-Cargo Jumbo vom Pariser Flugplatz Charles de Gaulle und sind um 22 Uhr in Djibouti. Im Bauch des Flugzeuges: 22 Tonnen Hilfsgüter . . .

Das wichtigste Gepäckstück an Bord, der erste Landrover, eine Leihgabe der Firma British Leyland in Düsseldorf. Monsieur Schmidt, ein gut elsässisch sprechender Vertreter der „Air France" war vorausgeflogen, um einen reibungslosen Übergang in Djibouti zu regeln. Unter den ersten Nachschubgütern befanden sich: Medikamente, 2 Tonnen Proteinfood, Gravisorb (Stärkungsmittel für Kinder), Binotal, ein Antibiotikum in großer Menge, drei Zelte, zwei Kühlschränke, ein Generator, zwei Wasserfilteranlagen, Matratzen, Feldbetten, Decken, 200 Kilo Tee, 2 Tonnen Reis, Milch-

pulver, Taschenlampen, Hocker, Stühle, Benzinkanister, Wasserkanister, kurz: alles, was wir für die erste Versorgung der Flüchtlinge brauchten. Das Umladen der Hilfsgüter auf die drei LKW's wurde an einem halben Tag erledigt. 12. Mai, um 16 Uhr zog die Karawane los, begleitet von einem Vertreter der somalischen Botschaft in Djibouti. Letzter Akt vor der Abfahrt: Im Beisein des Botschafters von Somalia wird das Komiteesignet von Rupert Neudeck und Abdul Karim an die Türen des Landrovers geklebt: „Dhakhaatiirta Gargarka Qaxotiga Somaliya"-„Deutsches Komitee Not-Ärzte e.V. für Somalia".

Viele hatten uns vor dieser Strecke gewarnt, man komme nicht durch, schon gar nicht in der Regenzeit, schon der kleinste Regen verwandle diese Route in eine Schlammwüste und Morast, in denen die stärksten Lastwagen versacken. Und dann wurde noch eine Woche vor unserer Abfahrt ein Regen in Nordwest-Somalia gemeldet. Endlich! – bedeutete das doch für die Nomaden einen letzten Schimmer von Hoffnung einen Teil ihres Viehs noch retten zu können – hoffentlich nicht! sagten wir uns, die wir erst unsere 22 Tonnen wohlbehalten in Hargeisa haben wollten.

Experten wollten es gehört haben, auf der Strecke Djibouti/Hargeisa sei schon kein Durchkommen mehr möglich. Doch manchmal muß man etwas einfach tun, selbst die Erfahrung machen.

Jedenfalls waren wir am 12. Mai etwa um 21 Uhr abends durch die zweite Grenzkontrolle, die somalische durch und machten uns auf den Weg: Gewitterblitze zuckten in weiter Ferne am Horizont und spornten die LKW-Fahrer zu immer härterem Tempo an – und doch bedeutete Tempo auf dieser „Piste" 25, höchstens 30 Stundenkilometer, denn in der gesamten Region gibt es nicht eine „Straße".

Wir kamen – eine Karawane von drei LKW's und ein Landrover – durch eine abenteuerlich wechselvolle Landschaft, oft mußte man bei allzu waghalsigen Manövern der somalischen Fahrer um den Bestand der Wagen fürchten, die Dunkelheit wurde immer wieder zerrissen von den Scheinwerfern der Wagen, die hinter uns folgten – wie ganz selten von denen, die uns entgegenkamen. Zahllose Male saßen die schweren Trucks bis über die Achsen im feinen Pulversand fest, wurden aber immer wieder von den Somalis geschickt freigefahren.

Eine fast menschenlose Gegend, in der die Vegetation verdorrt war, und Steine und Geröll sich zu bizarren Formen auftürmten. Vorbei immer wieder an totem Vieh, an leeren, körperlosen Gerippen wie an gerade verendeten Ziegen und Kamelen, in deren Körpern Myriaden von Würmern sich tummelten. Vor uns manchmal Kamele, die vor Magerheit kurz vor dem Zusammenbruch schienen, die Hirten baten uns, ganz langsam vorbeizufahren, um sie bei ihrem Todesmarsch nicht zu stören oder zu verletzen.

Am nächsten Morgen waren wir in den Bergen angelangt, die vor der Hargeisa-Ebene liegen. Eine knappe halbe Stunde Rast für alle, dann bliesen die Somali-Fahrer schon zur Abfahrt – um nur ja dem noch möglichen Regen auszuweichen.

Kurz vor Hargeisa kamen wir durch das erste Flüchtlings-Camp, Agabar, sahen die stumme traurige Ansammlung von sehr gleichartigen Hütten, sahen die Frauen ganz früh mit ihren Blechkanistern an einem Rinnsal stehen, in der Hoffnung, ihre Wasser-Ration zu bekommen. Ein Rinnsal, der zu einem Fluß werden würde, wenn es Regen geben würde. Während der ganzen Strecke hatten wir nicht einen Fluß überquert, hatten wir keine Quelle, keine Zisterne, keinen Brunnen, nichts dergleichen gesehen.

D-CL 691

60 % Kinder, 30 % Frauen

Somalia hat die Flüchtlinge aus dem Ogaden in drei Regionen konzentriert: in der Geddo-Region, der Gegend um Belet-Uen (beide im Süden) und in Nordwest-Somalia in der Gegend um Hargeisa. Die Hälfte der Flüchtlinge (nach offizieller Registratur über 700.000 Refugees) sind in Lagern untergebracht, die vom National Refugee Comission der Somalischen Regierung verwaltet sowie vom Flüchtlingskommissariat

Der Kampf ums Dasein ist für die Flüchtlinge aus dem Ogaden ein Kampf um das tägliche Wasser.
Die Flußbetten sehen nach der langen Dürre-Periode aus wie Wüstenpisten, aber unter ihrer Oberfläche schlummert noch etwas Wasser in dem Sand. Das Mädchen hat ein 50 cm tiefes Loch gegraben, wartet, bis sich ein wenig Wasser in der Mulde gesammelt hat, schöpft es dann geduldig in ihre alte Ölbüchse. Für ihre Familie, die sie losschickte, hatte sie so nach einer Stunde fünf Liter Wasser beisammen. Zwischendurch war die Wasserration pro Person und Tag im Lager Dam auf ein Drittel Liter gesunken – eine Ration mehr zum Sterben als zum Überleben.

der UNO versorgt werden. Die Zusammensetzung der Lager ist immer die gleiche: Sechzig Prozent sind Kinder, dreißig Pronzent Frauen, die Männer bilden ein kleines Kontingent von weniger als zehn Prozent; die Mehrzahl der Männer kämpft als Guerilla in einer der Befreiungsfronten: der „West-Somalian-Liberation Front" oder „Somalia Abbo Liberation Front". In den Lagern leben nicht nur Somalias, sondern auch Oromos und Galla, also Stämme, die ebenfalls von dem Staatsvolk der Äthiopier, den Amharen, unterdrückt werden. Im Lager Dam z. B., in dem die „Not-Ärzte" arbeiten, wohnen etwa 30 bis 35 Prozent Oromos, die nur über einen Dolmetscher sich mit den Somalias verständigen können.

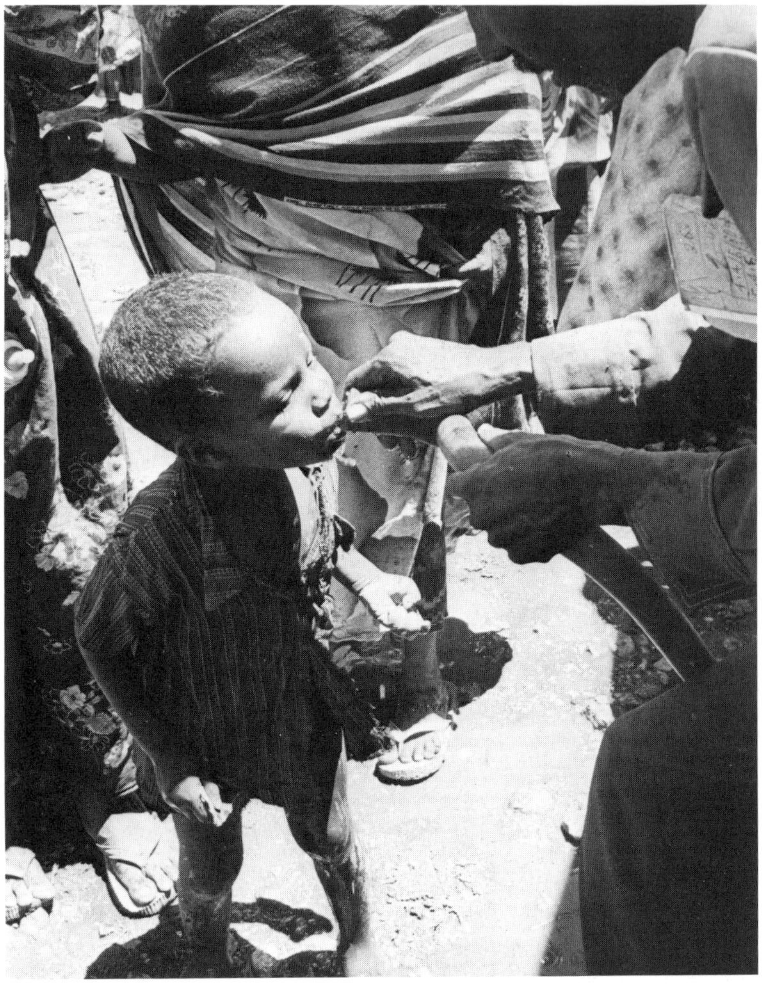

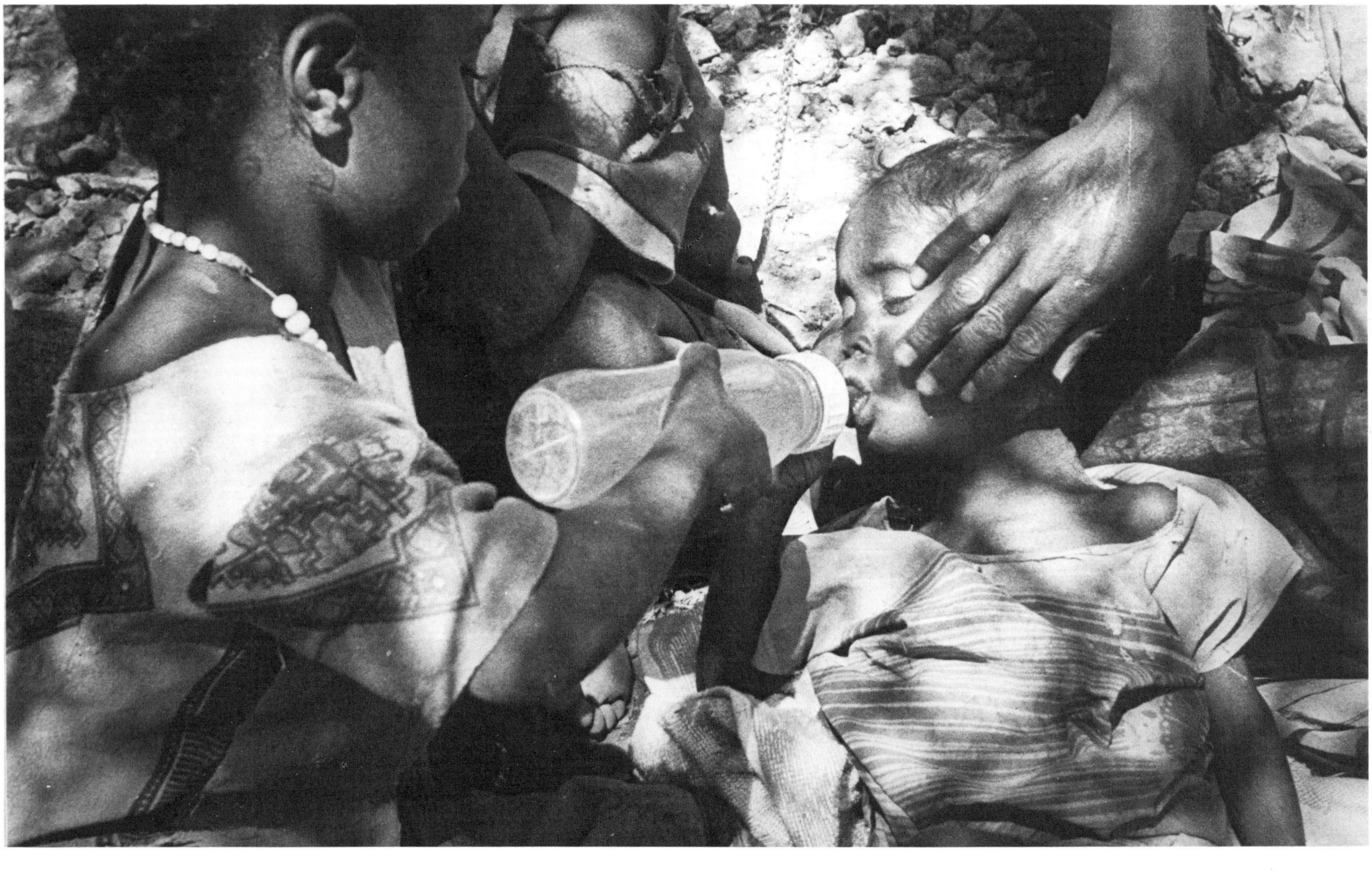

Der Wassertankwagen kommt: Jeder stürzt mit allen nur erdenklichen Gefäßen dem Wasser entgegen. Die Kinder werden direkt an dem Wasserschlauch oder an Eimern getränkt. Die gefüllte Baby-Flasche wird schnell zum nächsten Dornenbusch gebracht, in deren Schatten das Brüderchen verdurstet. Das kleine Mädchen hat in dem Gedränge nicht durchkommen können, hat aber ein Leck in dem Tank entdeckt und fängt unter dem Wagen das kostbare Wasser in einem Marmeladenglas auf.

Der erste Kontakt mit den Flüchtlingen

„Als wir in Dam Camp mit unseren Lastern auftauchen, strömen Tausende von Menschen, eigentlich alles, was laufen kann, zu den Wagen. Zunächst reagieren die Flüchtlinge zurückhaltend. Als sie aber sehen, daß hier eine Hilfsorganisation nicht nur, wie wohl in den Wochen zuvor des öfteren geschehen, zur Besichtigung anrückt, sondern hier bleibt und helfen will, schlägt Skepsis in Begeisterung um. Die wenigen, die noch einigermaßen bei Kräften sind, packen mit an und

helfen beim Entladen und beim Aufstellen der Hospitalzelte.

Währenddessen spricht Abdul Karim mit dem Lagerkommandanten und den Lagerältesten. Innerhalb weniger Minuten wird eine Wachmannschaft zusammengestellt, die nachts, wenn wir in unserer Unterkunft in Hargeisa sind, auf die Zelte achtet."

(Aus dem Tagebuch von Dr. Wolfgang Seraphim)

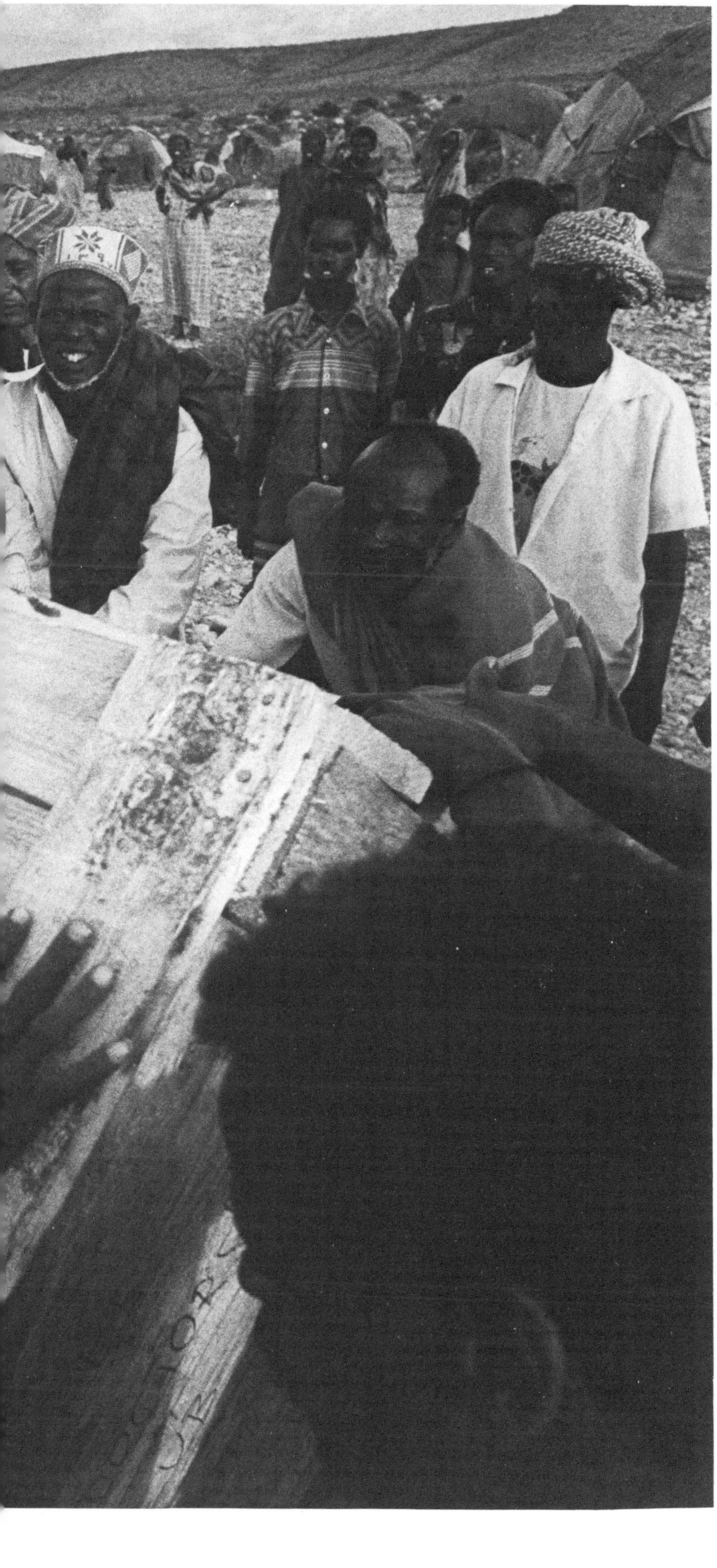

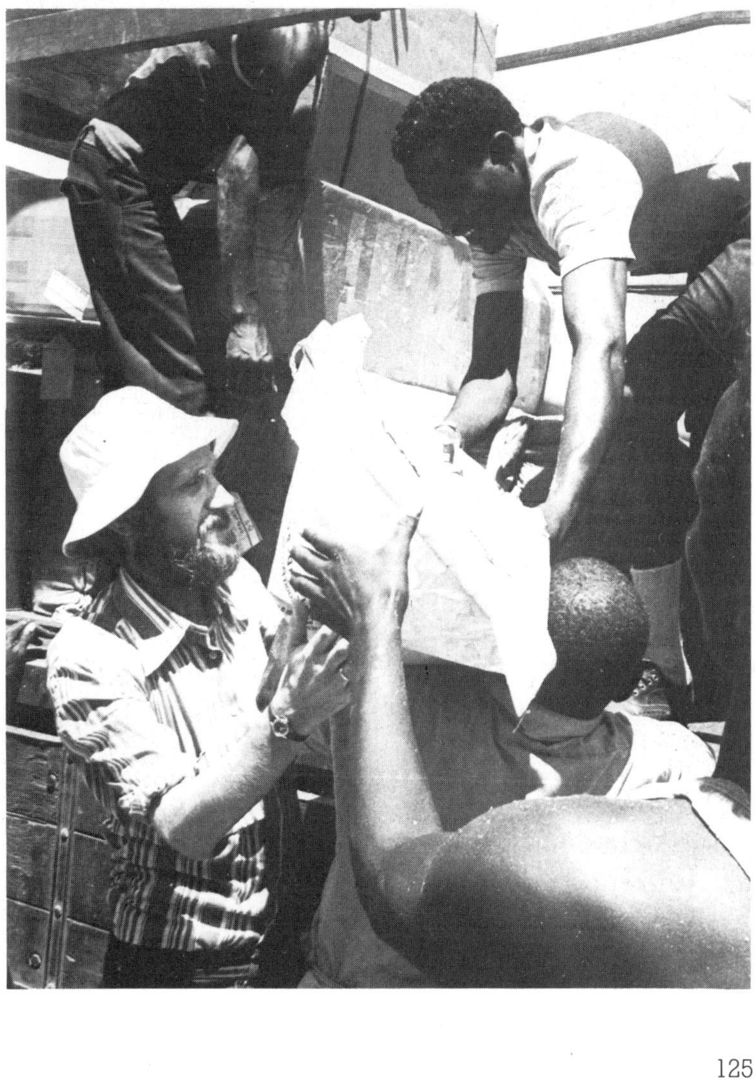

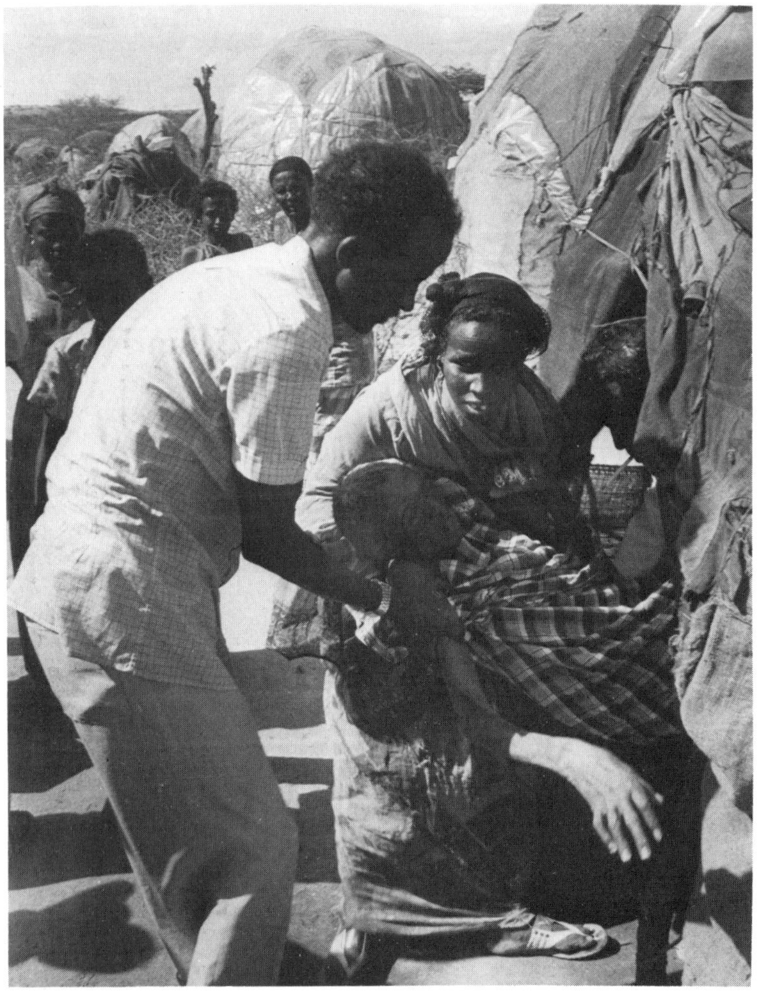

Am 15. Mai, einem Monat nach Vertragsabschluß mit der somalischen Regierung, beginnt kurz nach sechs Uhr der erste medizinische Arbeitstag im Lager Dam. Aus allen Ecken und Enden des Lagers strömen die Kranken zu dem Hospitalzelt, warten stundenlang mit unerschütterlicher Geduld in der Gluthitze, brechen gelegentlich zusammen. Die drängende Menge, jeder will heute noch dran kommen, muß von den Ärzten öfters hinter die Seile verwiesen werden, damit sie Platz zum Arbeiten haben.

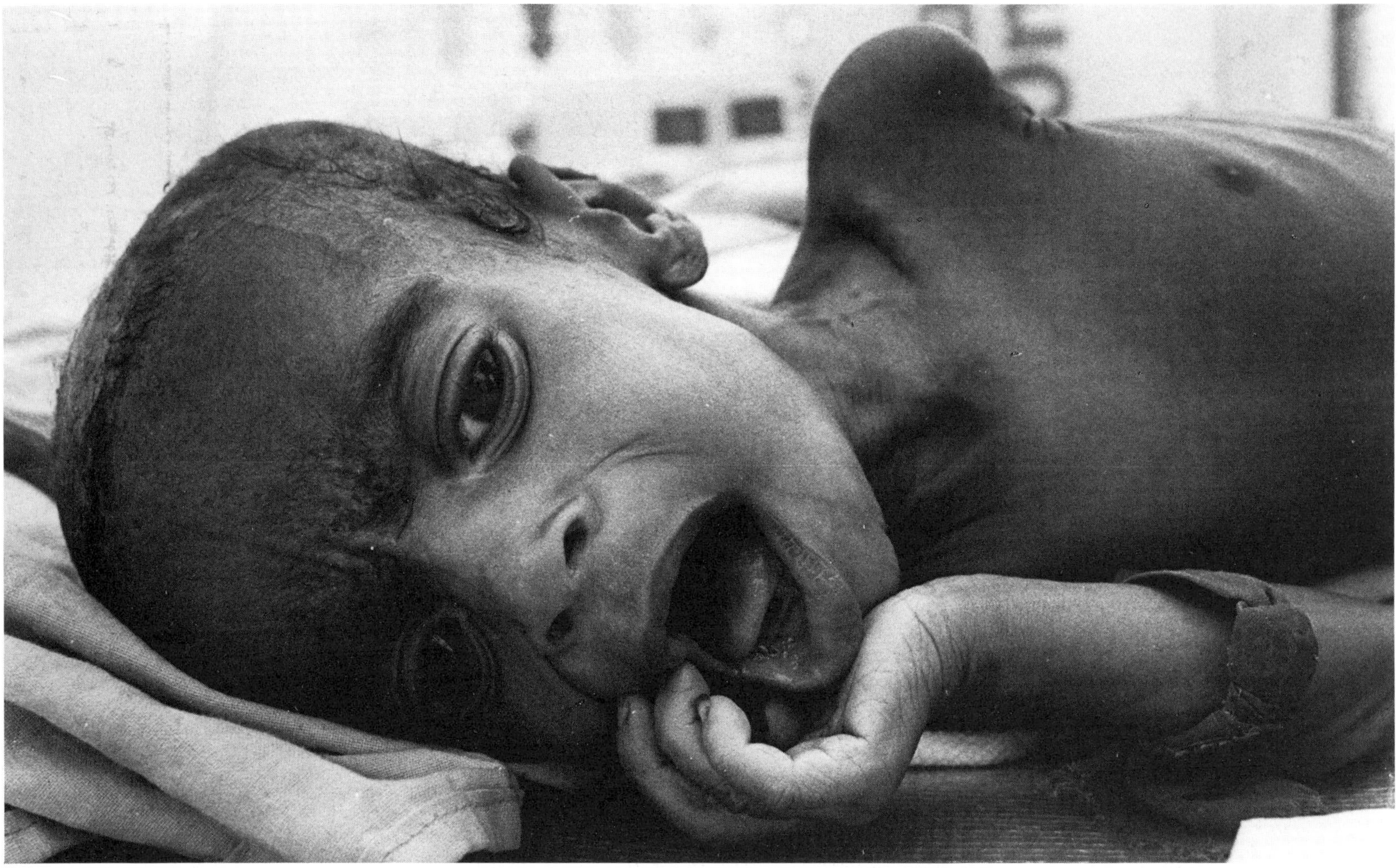

Opfer des teuflischen Circulus vitiosus: katastrophaler Wassermangel, hohe Temperaturen, Brechdurchfälle.

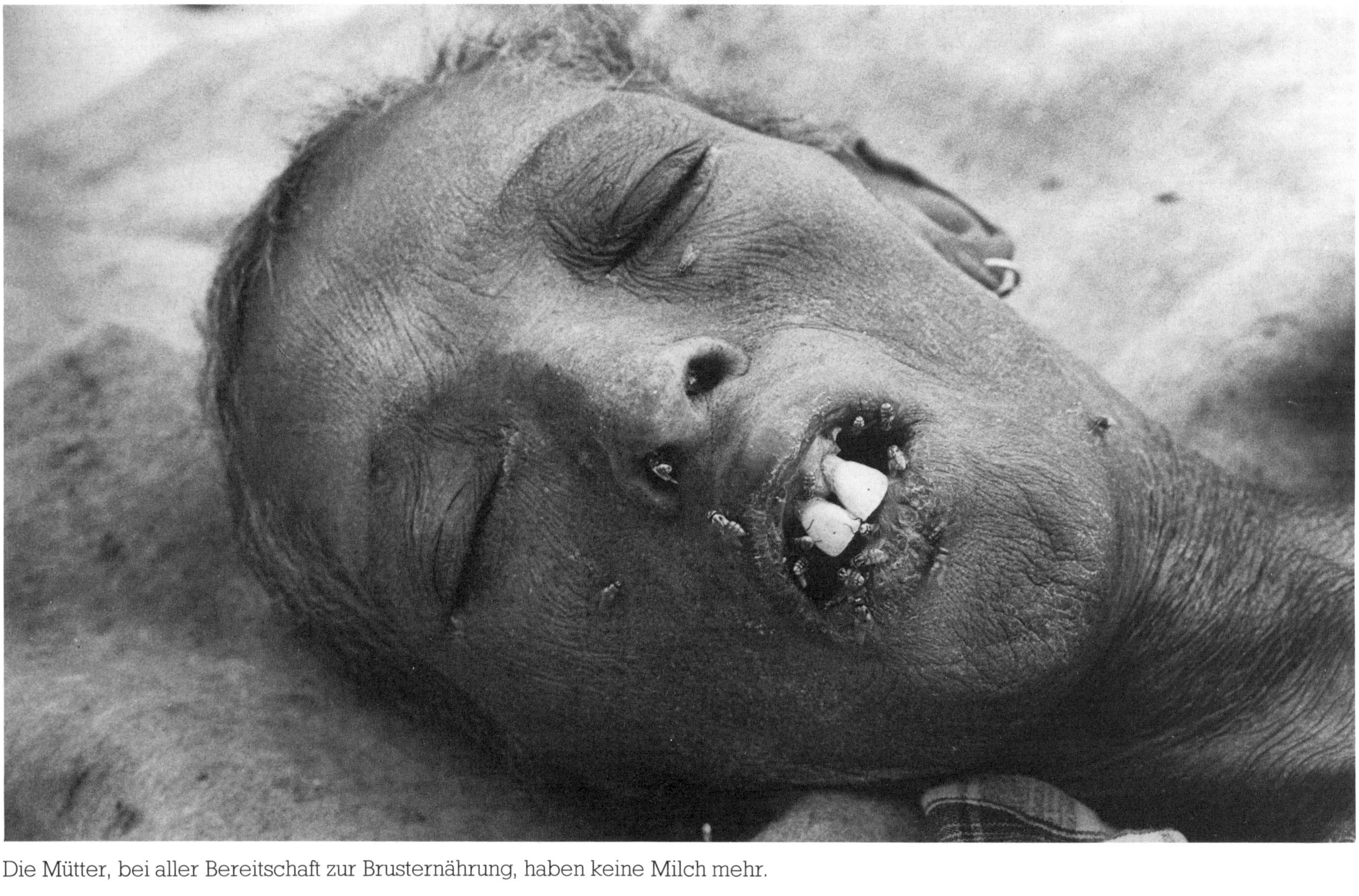

Die Mütter, bei aller Bereitschaft zur Brusternährung, haben keine Milch mehr.

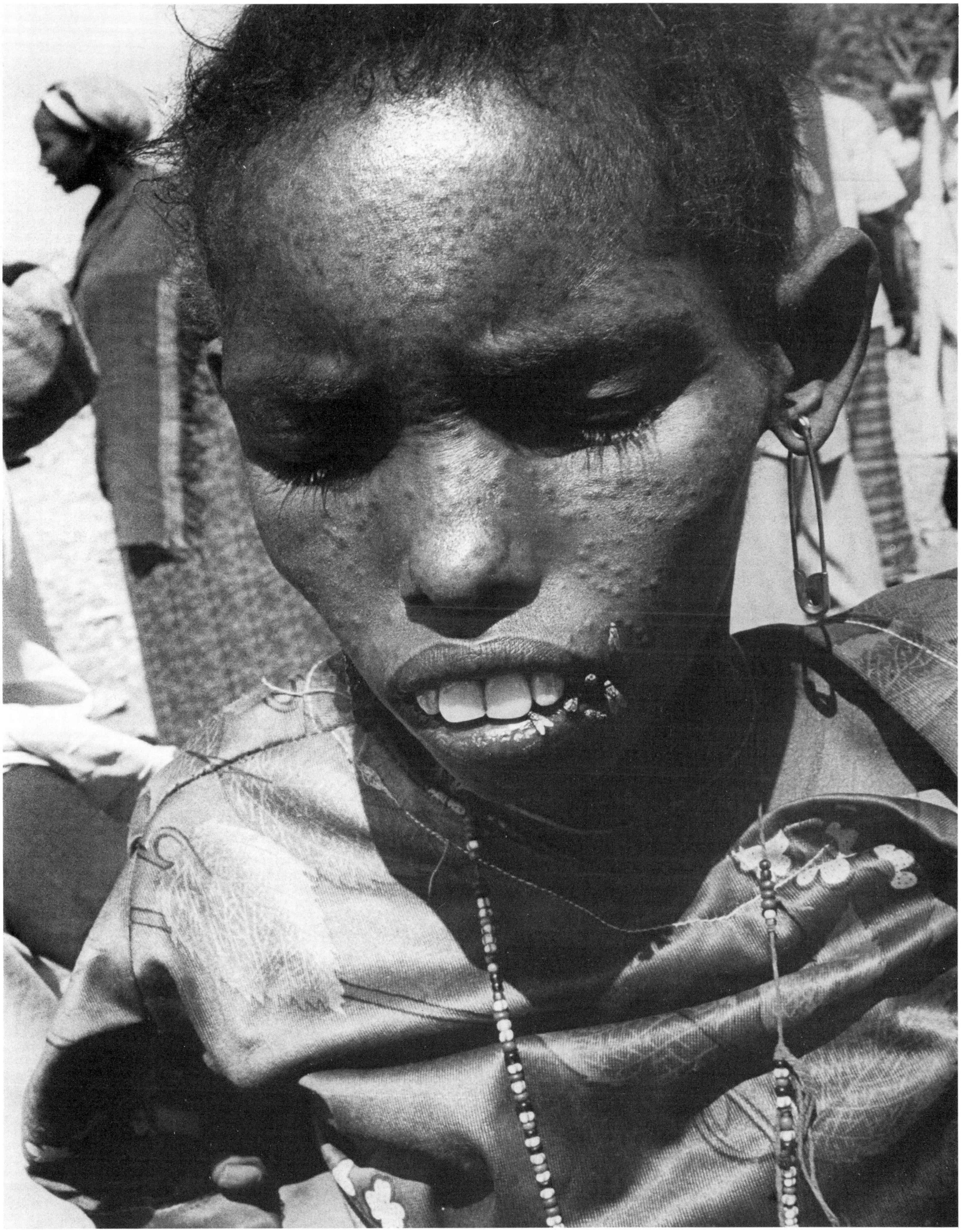

Sie sind selber hochgradig ausgetrocknet und unterernährt.

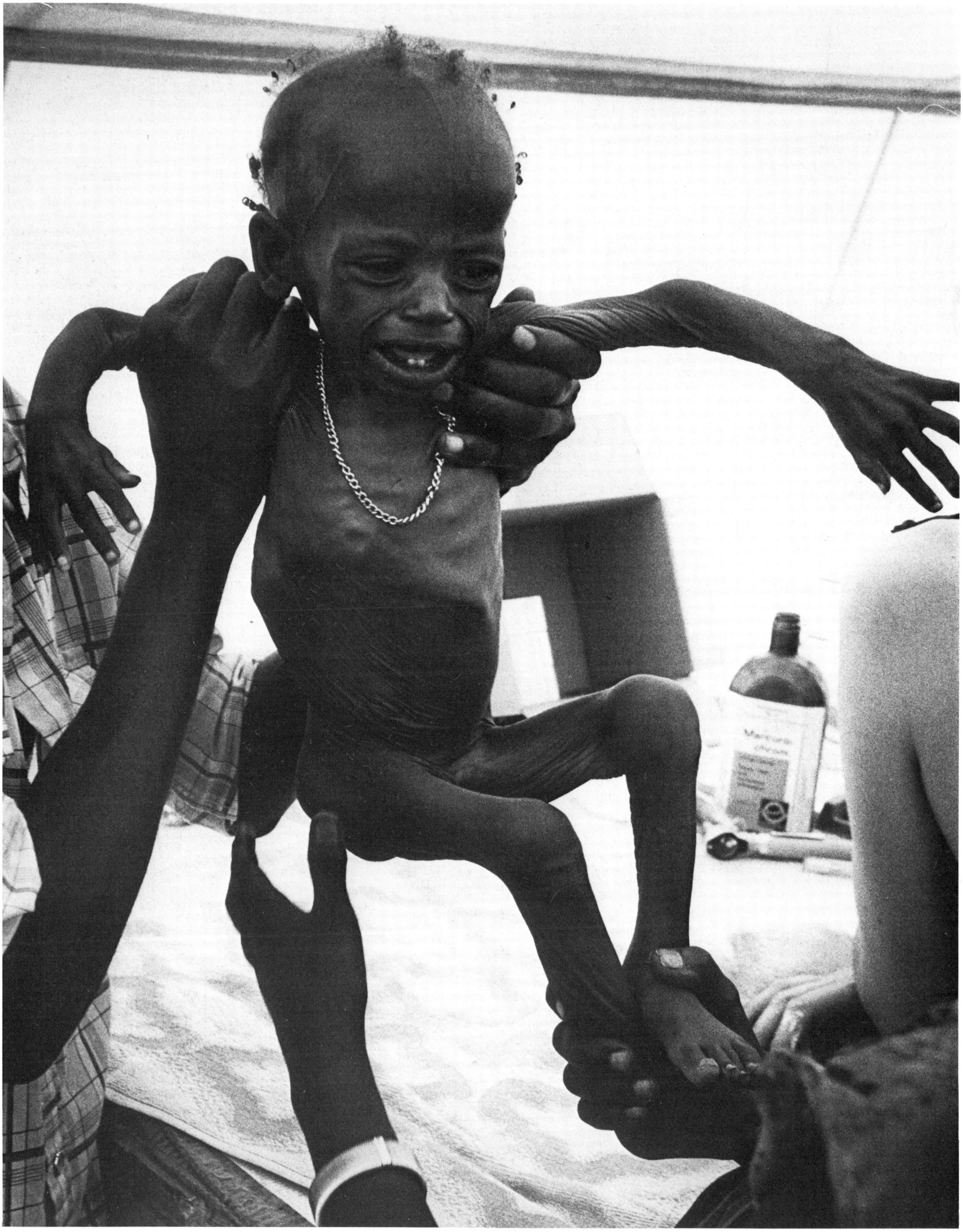

Dieses Menschlein hat noch die Kraft, sich gegen die zupackenden Ärztehände zu wehren. Viele andere starben noch während der Infusionsbehandlung. Die Ärzte und Schwestern arbeiten verbissen weiter.

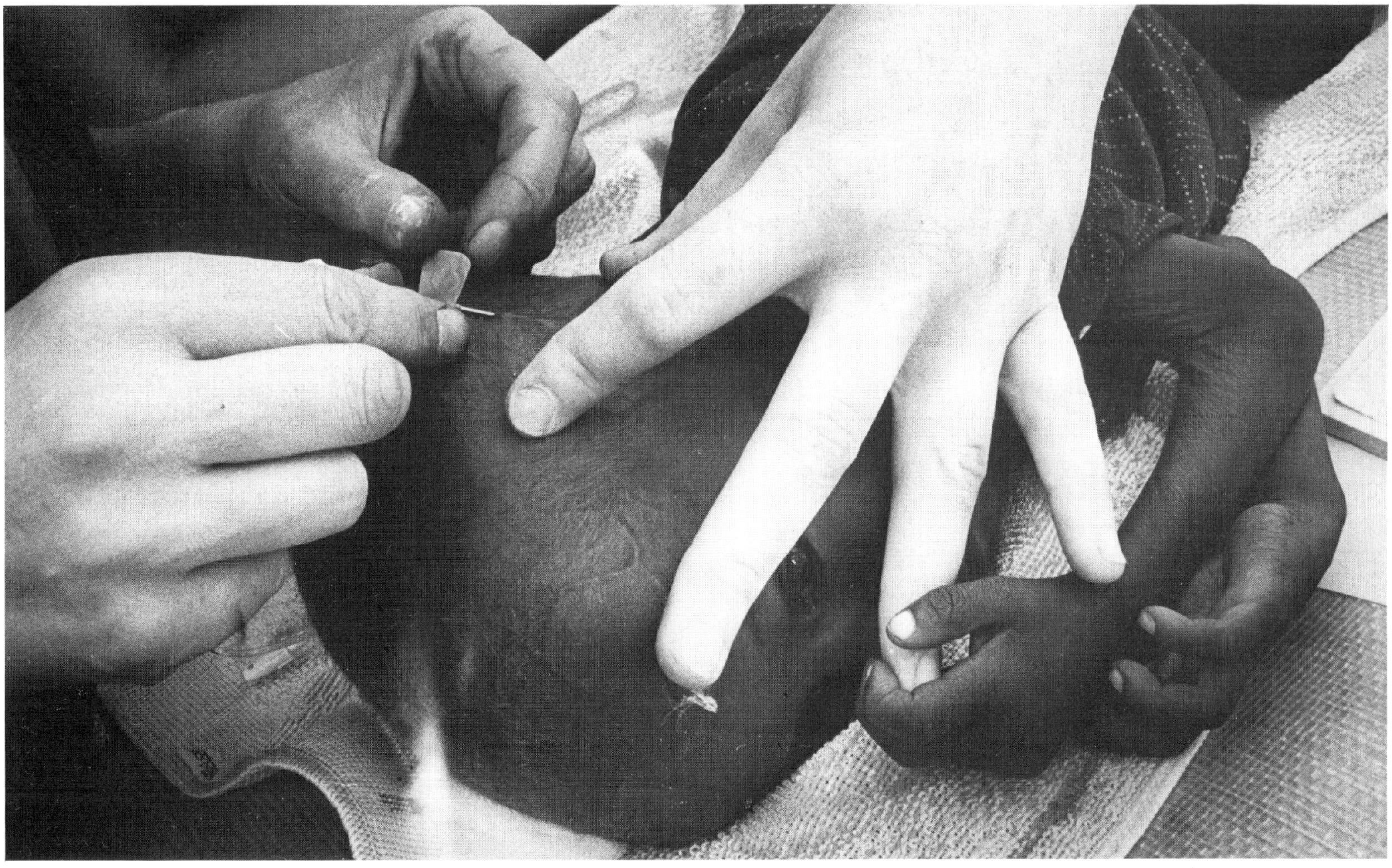

Zu Tode geschwächt im vergessenen Land

„Die Mutter stand auf und bat uns, die Infusion abzustellen. Dann nahm sie ihr apathisches Kind auf den Arm, acht Monate alt und durch schwere Unterernährung sowie einen andauernden Brechdurchfall zu Tode geschwächt, und verließ das Zelt. Der Säugling, der kaum die Hälfte des Normalgewichts wog, war länger als eine Woche intravenös ernährt worden – ohne sichtbare Besserung. Die Mutter spürte den schicksalhaften Verlauf. Ihr Kind sollte in vertrauter Umgebung im einfachen Nomadenzelt sterben dürfen. Wir ließen sie gewähren.

Dies war kein Einzelfall. Den meisten kranken Kindern konnten wir jedoch durch unsere Behandlung wirksam helfen. Die Säuglingssterblichkeit sank von über fünfzig auf unter fünf im Monat, seitdem die Ärzte und die Schwestern vom „Deutschen Komitee" im Lager waren. Die ersten hatten die Arbeit im Lager Dam bei Hargeisa, der Provinzhauptstadt im Nordwesten Somalias, Anfang Mai aufgenommen. Wir gehörten bereits zum zweiten Team. Denn alle sechs Wochen werden die freiwilligen Helfer, die ihren Jahresurlaub der unentgeltlichen Arbeit in den Flüchtlingslagern opfern, abgelöst.

Der Arbeitstag begann für uns um 7 Uhr. Wir packten die Landrover mit Wasserkanistern voll und fuhren die 10 Kilometer von Hargeisa nach Dam. Dort standen vor unseren Hospitalzelten schon lange Schlangen wartender Patienten. Zuerst suchten wir die Kinder heraus, die am schlechtesten zu sein schienen und untersuchten sie. Bei der Verständigung halfen uns englischsprechende somalische Dolmetscher, die uns die Regierung zur Verfügung gestellt hatte. Die nächsten Stunden vergingen mit Anlegen der Infusionen, bis schließlich die Pritschenprovisorien im Zelt dicht besetzt waren. An manchen Tagen lagen 15 Kinder unter den am Zeltgestänge baumelnden Infusionsflaschen.

Häufig wurde die Arbeit durch regelrechte Stürme erschwert, die den aufgewirbelten Sand auch bei geschlossenen Zelten durch die engsten Ritzen preßten. Wie ein Teppich legte er sich über alle Gegenstände, über Arbeitstische und Instrumente, so daß unsere Bemühungen um Sauberkeit oft vergeblich waren, von Sterilität ganz zu schweigen. Mittags stieg die Temperatur regelmäßig auf schweißtreibende 40 bis 45° C an. Immer wieder mußten wir deshalb kurze Pausen einlegen, um Wasser und Elektrolytkonzentrate zu trinken, damit der eigene Wasserhaushalt im Gleichgewicht blieb. Unangenehm auch die unzähligen Fliegen, die sich in die Nasen und um die Münder, in Augen und Ohren setzten und die auf allen Wunden zu finden waren.

Hatten sich die Infusionskinder nach einigen Tagen etwas erholt, begannen wir vorsichtig mit dem Füttern. Im „Fütterzelt" konnten sich aber auch die größeren Kinder täglich ihren Becher Milch holen. Unter den Krankheiten der Erwachsenen spielte die Lungentuberkulose die größte Rolle. Im Krankenhaus in Hargeisa, das diese Bezeichnung eigentlich nicht verdient wegen des für unsere Verhältnisse unvorstellbaren technischen und hygienischen Zustandes, konnten wir Röntgenaufnahmen der Lunge machen lassen. Die Tbc-Kranken wurden von uns registriert und ein Behandlungsplan aufgestellt, der tägliche Tabletteneinnahme unter Aufsicht, gegebenenfalls auch Streptomycin-Injektionen vorsah.

Die Arbeit des deutschen Teams sprach sich schnell in der ganzen Umgebung herum. Es kamen deshalb auch Flüchtlinge aus anderen Lagern, sogar Leute aus Hargeisa zu uns. Oft genug konnten wir uns nur mit sanfter Gewalt einen Weg durch die dicht belagerten Zelteingänge bahnen. Viele Kranke mußten bei Einbruch der Dunkelheit auf den nächsten Tag vertröstet werden. „Beri-kale" hieß es dann, „morgen kommen".

Zusammenfassend läßt sich sagen, daß wir während unseres Aufenthaltes in Somalia z. T. in Grenzbereichen physischer und psychischer Belastbarkeit gearbeitet haben, wobei die Nachteile der relativ kurzen Einsatzzeit durch die Vorteile des ständigen Abwechselns mit neuen Helfern aufgehoben werden. So wird eine konstant hohe Arbeitsleistung erzielt. Stimmung und Verständnis innerhalb unserer Mannschaft waren sehr gut, nicht zuletzt wegen der sichtbaren Erfolge unserer Arbeit. Daß wir nur einen kleinen Teil des Flüchtlingselends lindern konnten und die Frage nach

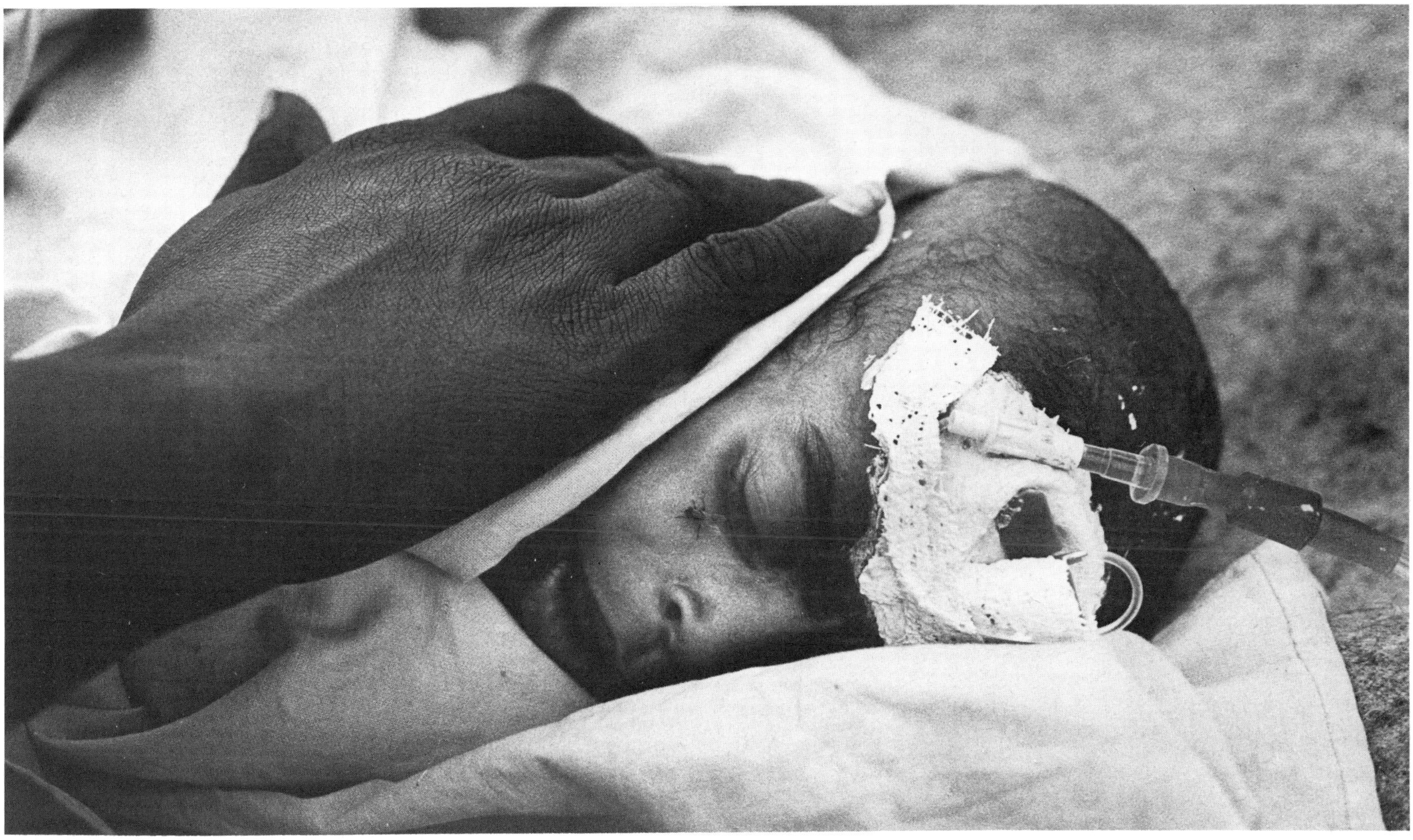

dem Morgen und Übermorgen unbeantwortet lassen mußten, war uns dabei wohl bewußt. Angesichts zu Hunderten sterbender Kinder sollten wir uns aber verpflichtet fühlen zu handeln. Denn über alle Diskussionen um Sinn und Zweck derartiger Hilfsmaßnahmen, steht das Recht auf Leben auch des letzten Ogaden-Flüchtlings.

(Aus dem Bericht des Arztes Michael Oertel in der Stuttgarter Zeitung)

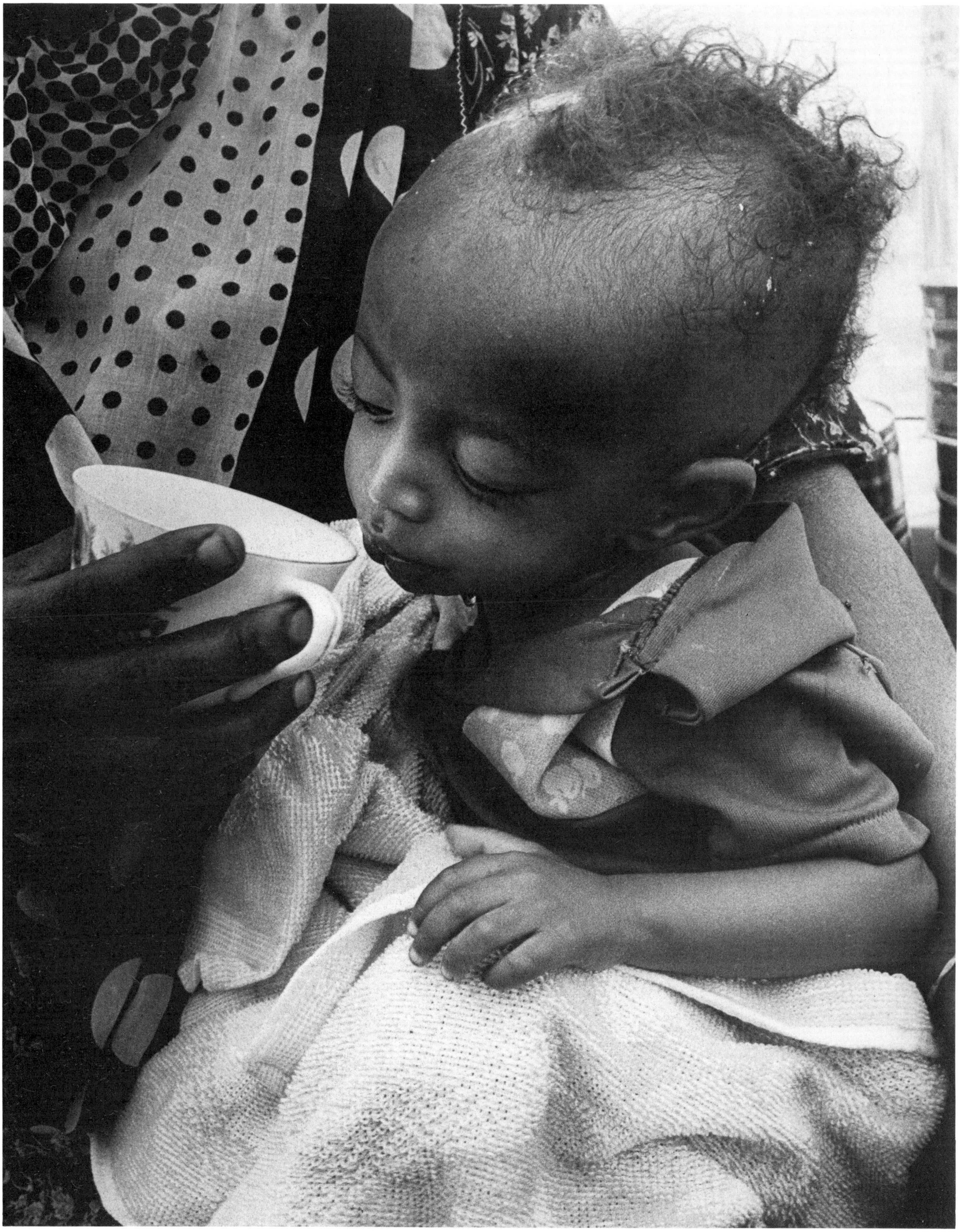

„Diese Geschichte geht uns alle an“

Der Versuchung, uns an offizielle Erfolgsbilanzen anzuschließen und die Aktion an der Elle von Leistungs- und Steigerungsraten und Rentabilität zu messen, haben wir nicht immer widerstanden. Darin sehe ich die einzige Niederlage, die wir uns zugefügt haben. Wir haben der Versuchung nicht widerstanden, den ‚Preis‘ für einen Flüchtling auszurechnen – obwohl es doch unumstößlich wahr bleibt, daß es reicht, wenn wir nur einen Flüchtling bei diesem Unternehmen gerettet hätten. Wir haben uns dem ‚Zeitgeist‘, der kalkulierenden Raffinesse von Versicherungen gebeugt, die das Menschenleben in DM taxieren. Wir haben doch heimlich eine Rechnung angestellt, die 3329 Flüchtlinge mit den seit dem Februar diesen Jahres ausgegebenen 2,5 Mio. DM verglichen und es kamen 800 DM pro Flüchtling dabei heraus. Franz Alt hat es während der „Report“-Sendung am 11. August gesagt, die „Bild am Sonntag“ verkündet es heute ebenfalls: „3329 Flüchtlinge hat die ‚Cap Anamur‘ seit Februar gerettet. Das kostete 2,5 Mio. Mark an Spenden – 800 Mark je Menschenleben.“ Solche inhumanen Abrechnungen sollten wir meiden, auf sie sollten wir uns auch dann nicht einlassen, wenn das Geld ausbleibt, das uns die vielen Spender in der Bundesrepublik bisher treuhänderisch übergeben haben.

In der „Pest“ hat Albert Camus die Situation vorweggenommen: Das Komitee setzt sich aus Ärzten und Journalisten zusammen, beide Gruppen bringen ihre eigene Wirksamkeit in diese Projekte ein. Die Journalisten sorgen für die größtmögliche Öffentlichkeit und Bekanntheit, die Ärzte geben diesen Menschen die konkreteste Hilfe, sie helfen und heilen. Und oft wird sich in denen, die an den Projekten teilnehmen und sich in ihr aufreiben, der Konflikt wiederholen, den der Journalist Rambert in dem Roman von Camus durchmacht: Soll er sich an der Seite der Ärzte engagieren oder lieber das private Glück mit der Frau, die er liebt, dem Einsatz am Ort der Pestkranken vorziehen?

In dem entscheidenden Gespräch sagt Rambert zu dem Arzt Dr. Rieux, als dieser meint, man brauche sich nicht zu schämen, „wenn man das Glück vorziehe“: „‚Ja‘, sagte Rambert, ‚aber man kann sich schämen, allein glücklich zu sein. Ich habe immer gedacht, ich sei fremd in dieser Stadt und habe nichts zu tun mit Euch. Aber jetzt, nachdem ich das alles gesehen habe, weiß ich, daß ich hierher gehöre. Diese Geschichte geht uns alle an‘.“

In der Tat: Die Geschichte der Flüchtlinge im chinesischen Meer, in Kambodscha, in Pakistan, jetzt in Somalia, vielleicht morgen in Uganda „geht uns alle an“. Wir können uns nicht dispensieren.

Die Arbeit des Komitees, der Einsatz all derer, die mitgearbeitet haben, das, was geschehen ist in einem einzigen Jahr, ging, so muß man es in der Rückschau sagen, fast nach dem Wort des Evangelisten vor sich: „. . . und führen, wohin Du nicht willst". Ich sage das nicht nur für mich, sondern auch für die vielen, die so tatkräftig, so selbstverständlich, so selbstbewußt, und andere mitziehend sich einsetzten. Wir wollten am Anfang nur dem französischen Komitee bei der Ausrüstung des Schiffes mithelfen und sahen uns plötzlich von der eigenen Bevölkerung beauftragt, ein eigenes Schiff zu organisieren; wir charterten die „Cap Anamur" und sahen uns plötzlich beim Einsatz in der verworrenen Situation an der Kambodscha-Grenze wieder; wir bauten diesen Einsatz aus, schickten bis Weihnachten 79 an die 30 Ärzte und Schwestern dorthin; schon hatte uns die Situation der afghanischen Flüchtlinge betroffen gemacht, wir sandten ein Team nach Peshawar in West-Pakistan. Der Ärger und die ständige Last und Arbeit, die das Rettungsschiff „Cap Anamur" bedeuteten (um es immer wieder finanziell mit Spenden abzusichern und die Arbeit, die nach jeder Rettungsoperation wartete, wenn wieder Flüchtlinge in der Bundesrepublik oder vorerst in Singapur untergebracht werden mußten) kosteten schon genug Kraft, Zeit, Nerven; aber ein Somali überzeugte uns, daß wir nicht nur auf Asiens Probleme schauen dürfen. . . „und führen, wohin Du nicht willst".

Die Kraft dieser Gesellschaft war größer, als wir sie ihr zugetraut hatten – man mußte sie nur eindringlich genug informieren, hinweisen, aufmerksam machen. Diese Aktion lebt nur davon, daß ganz viele Bürger in unserem Land ebenfalls mitmachen, mit-denken, mithandeln. Doch: Was wäre aus so einer Aktion geworden, wenn ein Heinrich Böll uns nicht ermuntert hätte und selbst nicht die ersten Gehversuche mitgemacht hätte, wenn ein Franz Alt nicht drei Beiträge in der Sendung „Report" untergebracht hätte, die uns das nötige Geld brachten, um beginnen zu können? Lassen wir diese Frage, sie haben es ja gemacht und trotzdem erschreckt mich zwischendurch der Gedanke, daß ein ganz wichtiger, menschen-rettender und möglicher Plan nur deshalb uns alle nicht erreicht, weil er die Barrieren der V.I.P.-Öffentlichkeit nicht überspringt . . .

Bitte umblättern

EIN SCHIFF FÜR VIETNAM:
STADTSPARKASSE KÖLN

NOT-ÄRZTE FÜR SOMALIA:
STADTSPARKASSE KÖLN

KENNWORT: VIETNAM
SOMALIA
POSTSCHECKKONTO KÖLN

KTO-NR. 16102220

KTO-NR. 16752222

KTO-NR. 30808-507

Rupert Neudeck

geb. 1939, Studium der Philosophie, Germanistik, Soziologie und Theologie, arbeitet heute als Feature-Redakteur beim Deutschlandfunk in Köln. Gründete im Februar 1979 das Komitee „Ein Schiff für Vietnam".

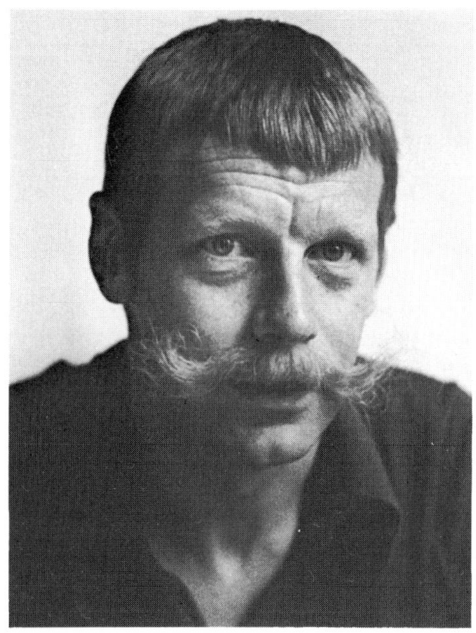

Gérard Klijn

1940 in Holland geboren. 1964–66 Studium an der Folkwanghochschule, Essen bei Prof. Dr. Otto Steinert.
Lebt in Königswinter bei Bonn als freiberuflicher Fotojournalist mit Schwerpunkt Dritte Welt. Mehrfacher Preisträger der World Press Photo Foundation.